①円山
②三角山・大倉山・奥三角山
③藻岩山
④盤渓市民の森
⑪西岡水源池(西岡公園)
⑫西岡レクの森と西岡焼山
⑬白旗山都市環境林
⑭有明の滝自然探勝の森
⑮白川市民の森・南沢市民の森
⑯真駒内保健保安林
⑰朝日岳・夕日岳・定山渓散策路
⑱小樽海岸自然探勝路
⑲旭展望台周辺遊歩道
⑳新川河口
㉑マクンベツ湿原
㉒はまなすの丘公園
㉓積丹岬自然遊歩道
㉔神威岬遊歩道
㉕ニセコ山系鏡沼
㉖ニセコ山系・神仙沼から長沼へ
㉗恵庭公園
鹿公園
馬追丘陵・瀞台と長官山
ウトナイ湖
錦大沼公園
㉜高丘森林公園
㉝ポロト自然休養林
㉞萩の里自然公園
㉟地球岬緑地散策路
㊱有珠山
㊲洞爺湖・有珠山ジオパーク
㊳有珠善光寺自然公園
㊴歌才ブナ林と歌才森林公園
㊵利根別自然休養林といわみざわ公園
㊶浦臼神社
㊷突哨山と男山自然公園
㊸嵐山公園と北邦野草園
㊹判官館森林公園

札幌から日帰り
ゆったりハイキング

菅原靖彦

キクザキイチゲ

●目次

支笏湖畔から見た樽前山（左）風不死岳（中央）多峰古峰山（右）(4/16)

利用ガイド

コース難易度

☆★★ 初級。公園内の歩道など安全が確保されたコース。

☆☆★ 中級。登山要素のない平たんなコース。道がやや悪い場合もある。

☆☆☆ 上級。登山を主体としたコースか、歩行距離が長いコース。体力が必要。

標高グラフ

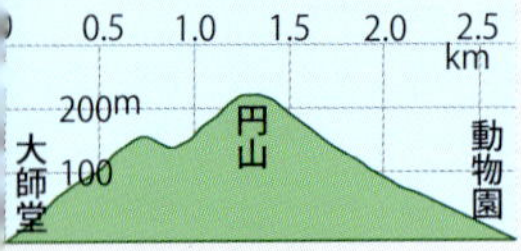

縦軸が標高、横軸が距離で、コースの高低差が分かる。平たんなコースでは省略した。

地図の距離表示

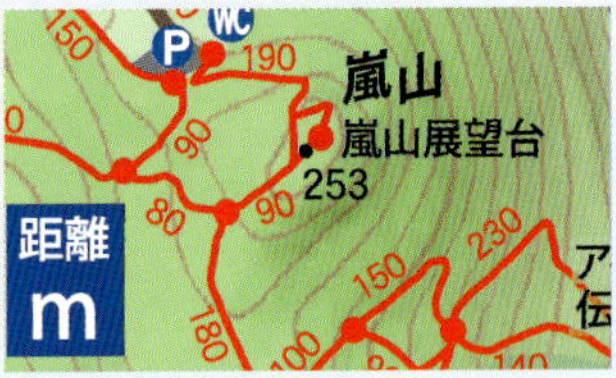

km 単位を基本にしたが、短い区間が多い場合は m 単位にした。その場合「距離m」と表示している。

コースタイム

ゆっくり歩きを前提にし、平たん地の場合 3 km を 1 時間で歩く割合とした。上り坂なら歩速が遅くなる。登山のガイドブック同様、休憩時間は含まない。休憩は 30 分～ 1 時間に 5 ～ 10 分取るのが普通だが、風景や花を見る時間も休まるので、適宜判断したい。

札幌圏からの日帰りハイク

札幌に住む著者が、日ごろ車で出かけているハイキングコースをまとめた。どうしても札幌周辺が中心となるが、高速道路が延びたおかげで旭川、室蘭、日高方面まで行動範囲が広がった。

視点を変えると、上川、空知、胆振、日高方面にお住まいの方が札幌圏のハイキングを楽しむのにも役立つガイドのはずだ。

『北海道夏山ガイド』（北海道新聞社）に掲載されているコースはできるだけ外して重複を避けた。

状況は時とともに変わるもの

最新の状況を取材して執筆し

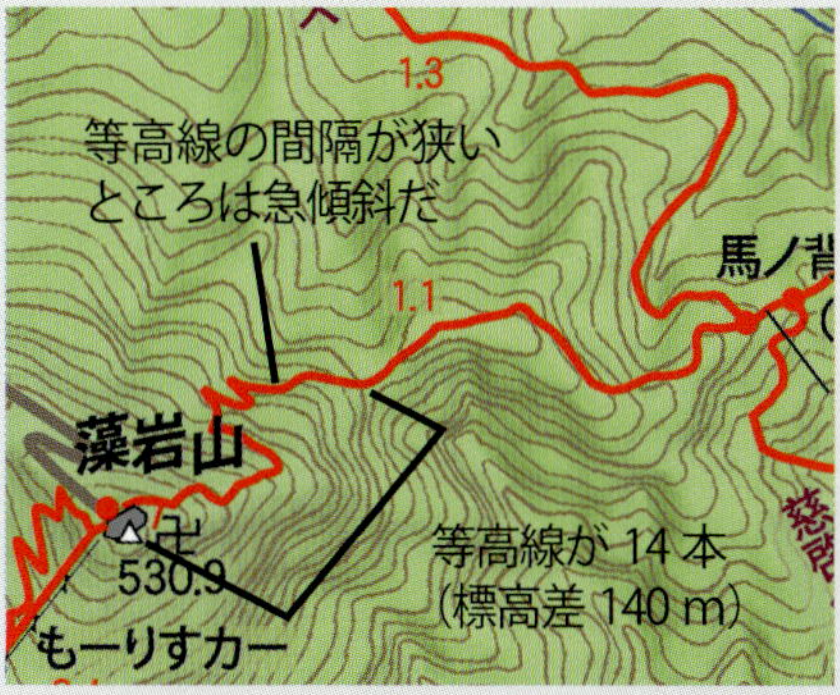

地形を判断

紙の地図では平たんなのか急斜面な
のか分かりにくい。楽に行けると
思ったら急な上りが続いてがっかり
することもある。
本書で使っている 25,000 分の 1 地
形図は、等高線 1 本分の標高差が 10
mである。等高線の間隔が狭ければ
斜度は急だし、間隔が広ければ斜度
は緩やかだ。

持ち物チェックリスト

必需品　ザック　トレッキングシューズ　帽子と帽子ひも　ウインドヤッケ　雨がっぱ上下　セーター(春秋)　水筒　地図　ガイドブック　食料　虫よけ薬　虫刺され薬　熊よけ鈴　汗ふきタオル　ティッシュ　持病薬　救急薬品　ゴミ入れポリ袋

必要に応じて　つえ・ストック　スパッツ　軍手　カメラ・電池　携帯・スマホ　モバイルバッテリー　眼鏡　サングラス　日焼け止め

車の中に　着替え　入浴セット

※車で行く場合、現地で靴を履き替える人が多く、トレッキングシューズを自宅に忘れがちなので、出がけに必ず点検しよう。

ても、台風被害などにより状況が変わることはよくある。また、２０１８年９月の胆振東部地震の被害により立ち入り禁止となったために、復旧状況を確認できていないコースもある。本書で基本的知識を得て、現地で臨機応変に対応してほしい。

登山をするなら夏山ガイド

ハイキングを楽しむうちに登山に進みたくなる人もいるだろう。体力、技術などレベルを上げていく必要があるが『北海道夏山ガイド』の初級コースから始め、自信がついたら次のステップに上がるのがよい。最初は初級コースのなかでも標高差３００㍍程度の楽な山がよい。しかも登りの途中でも眺めを楽しめるコースが理想的だ。その点、樽前山は理想的といえる。山頂からの眺めも一級品だ。

ハイキングの準備

花の季節もよいが紅葉の季節も美しい(春香山 10/22)

ハイキングは登山と比べて体力が要らないので楽だが、甘くみると痛い目に遭うこともある。準備も行動も慎重にしたい。

体力に合ったコースを選ぶ

本書で星マークが一つか二つのコースは、登山と違って、技術も体力も、特別な道具も不要で、とても取り組みやすい。未就学児でも親がしっかり見守ることで問題なく歩けるし、足腰に自信のなくなった高齢者でも大丈夫だ。

体力や健康状態に自信がなくても、距離を短くしたり、コースの一部だけ歩いたり、急な上りのあるコースを避けたりすれば、ハードルはいくらでも低くなる。ときにはほとんど歩かず、自然の中に身を置いて小鳥のさえずりを聞いたり季節の草花に触れたりするだけでもよいだろう。

季節を選ぶ

ハイキングに快適なのは春と秋だ。春は気温が適度で、蚊などの虫がまだ少ないこと、葉が茂っていないので林が明るく周囲の山々が見やすいこと、美しい花

たまには遠出して雄大なハイキングを楽しもう（サロベツ原野 7/6）

がたくさん咲いている時期であることなど、最も魅力のある季節だ。

夏は暑く、ヤブカ、ブユなどの吸血昆虫の被害にも遭いやすいのが難点だ。葉が茂って日陰が多く、花もぐっと少なくなるが、夏でなければ見られない種もあるので、植物好きには避けられない。涼しい道北、道東を目指すのもたまにはよいと思う。

秋は紅葉を楽しめるし、葉が落ちると樹間からの眺めもよくなる。空気が澄んで、例えば札幌圏から大雪山や日高山脈が見えるチャンスもある。日本海側では10月いっぱい、太平洋側では11月いっぱいは楽しめる。

最近は冬にも歩く人が増えている。藻岩山や円山のような登山者の多い山は常に踏み固められ、ツボ足で登れる。歩く人の少ないところではスノーシューなどの歩行用具が必要になるが、夏とは違う雪景色が見られるのが魅力だ。

歩き方

基本は登山と同じだ。整備された公園の延長のような場所は一人で歩いても問題ないが、山地に分け入るような長いコースではヒグマとの遭遇、予期せぬ転倒などで動けなくなる恐れがあるから単独行動は避けた

ツボ足：スノーシューなどを履かず、登山靴だけで歩くこと

山麓の花を巡るだけの目的でも楽しい（伊達紋別岳 5/26）

い。

子どもは進路を判断したり、危険を先読みしたりする力が不十分なので、大人が指示してあげることが大事だ。ハイキング道は分岐が多いので、考えなく進まれると迷子になる危険性が高い。指導者が何人もいる学校登山で、隊列から離れて行方不明になる事故は毎年のように起きている。

また全行程を考慮した体力の配分もできないので、元気任せで歩いて、後で動けなくなることが多い。大人がコントロールして、常に全員が一団となって行動することを教えてあげたい。

高齢者のハイキング

私自身が高齢者であり、若い時から病弱だったので、登山やハイキングで日頃気を付けていることがある。それは決して無理をしないことだ。そして、心臓に大きな負担がかからないよう意識的にスローペースで歩くこと。これを数十年続けている。

体調がすぐれないときは突然キャンセルするかもしれない旨を事前に仲間に伝えてある。もちろん前日に深酒、夜更かしなどということがあってはいけない。ハイキング当日、歩いていて今日は体調がすぐれない

案内板をよく見ておこう。ヒグマの出没状況、制限事項の確認ができる

と思ったら、短めで切り上げることも大切だ。自然の空気を吸うだけでも健康によいのだから、欲を出すまい。急いで歩いたら目に入らないが、ゆっくり歩けば、花や山菜に気付く利点もある。歩きが遅いために自然の中に長時間いることができるのも幸せなことである。

自然をいたわる

大切な自然を後の世代に引き継ぐために、傷めないよう努めたい。花の写真を撮りに道から外れないこと、立ち入り禁止区域に入らないこと、ごみは持ち帰ることなど、基本中の基本だが、欠かせないことだ。

自然の中だけでなく、コース入口付近の迷惑についても考慮したい。登山口に駐車場がない、または満車であっても路上駐車や個人の駐車場に勝手に止めて迷惑をかけてはいけない。なかにはごみを置き去りにする人もいる。地権者に話を聞くと怒り心頭だった。一部の人の行いで自然愛好家全体が嫌われるのは困る。

山菜採りについては場所により可・不可の別がある。入口の案内板で確認したい。また、可の場合でも、保護のために採りすぎないようにしたい。大きなザックに山菜を大量に詰め込んだプロのような人もいる。

ショートスパッツ

靴に小石、泥、雪が入るのを防ぐ。ダニの侵入防止にも効果的。ローカットシューズでも使えるかチェックしよう

ローカットシューズ

ミドルカットタイプは軽登山にも向く

ハイキング向きの靴

スニーカーは、①斜面ではなく平地②岩などの凹凸がない平たんな路面―が使用の前提になっている。本書の星一つコースならまったく問題はないし、星二つコースでも困ることは少ないだろう。星三つの登山系コースになると、泥斜面でのスリップ、斜面の下りで靴の中で足が滑り落ちて爪先に当たる問題が出てくる。

上の写真のようなトレッキングシューズなどと呼ばれる靴がハイキングや軽度の登山に向いている。足を固定しやすく、ある程度の防水が効き、靴底は地面の凹凸を感じられる程度の厚み・硬さがあり、底のパターンが深くて泥の斜面でも滑りにくいものがよい。ただし、最近の製品には溝が少なく浅いものもあるので注意が要る。

靴を購入する際は登山用具専門店で、店員に聞きながら選ぶのが安心だ。1万円から2万円程度が一般的。

本書のコースなら浅いローカットでよいが、今後登山もしたいならミドルカットかハイカットの深い靴も検討したい。靴内にクッション層があるので、靴下は薄めのもの1枚でよい。購入後は同じ厚さの靴下を履

ザック
軽くて丈夫なものがよい。横に物入れがあると、ストック、水筒を入れるのに便利だ

帽子ひも

雨が降ったら雨がっぱを着る
防風衣にも兼用できる

標準的な服装
四周の日差しを防ぐハット
帽子ひも
長袖シャツ
ロングパンツ

かないと足回りのゆとりが合わなくなる。

服装

寒暖と風への対応に加え、打撲、虫刺されを防ぐ役目もあるので、ある程度の厚みがありながら速乾性の素材を使ったロングパンツ、長袖シャツがよい。最近はおしゃれな登山ウエアが人気だが、ショートパンツの下にレギンスを履くスタイルは、肌に密着した薄布がヤブカの攻撃や打撲に弱い。北海道のヤブカは大型で、薄い衣類の上から平気で刺すので要注意だ。

帽子も大切だ。キャップよりも全縁がつばのハットのほうが日よけ効果が大きい。風で飛ばされないよう帽子ひもを付けておこう。

雨具も重要。基本は雨がっぱの上下。登山用は高性能で軽いが、価格は高め。短時間で強風下でなければ作業用品店の比較的安価なものでもよい。

ザック

荷物はザックに入れて背負い、安全に対処するために両手を常に空けるのが基本。ショルダーバッグは片側に荷重がかかり、疲労や体幹をゆがめる原因になる。

ハイキングで収納するものは、水筒、食料、衣類、雨具、カメラなどで、20リットルから30リットルのサイズのものが

小川を渡るなど不安定な場所では、つえがあると安心して歩ける（濃昼山道）

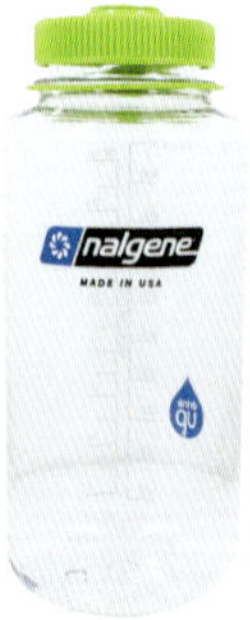

水筒
ペットボトルの流用は避ける。一度限りの使用を前提に作られているので耐久性がなく、傷や汚れに細菌が繁殖して中毒が起きた例もある

ちょうどよい。これも靴と同様に登山用具専門店で買うのが望ましい。スーパーの安価品にはベルトの取り付け部分が弱いものをよく見かける。

水筒

水の補給は大切だ。水分不足に陥ると、熱中症の危険が高まり、血液中の水分が少なくなって心臓病に及ぶ心配がある。また、汗とともに体内の塩分も排出されるので、日本スポーツ協会は、３時間以上の運動では塩分の入った水をとるよう推奨している。

つえ・ストック

登山ではバランスの保持、推進力の補助などのために使う人がいるが、ハイキングではそれほど必要ではない。体が弱った人は歩く助けになるので、使うとよいだろう。また、コースによっては川を飛び石伝いに渡る場合もあるので、その際はバランスを保つためにつえやストックを活用したい。

ストックの先端にはゴムキャップを付け、地面を傷めないようにしよう。また突く位置が足元から外れて植物を傷める人もいるので注意したい。

地図

一本道を歩く登山と違い、ハイキングコースは網目

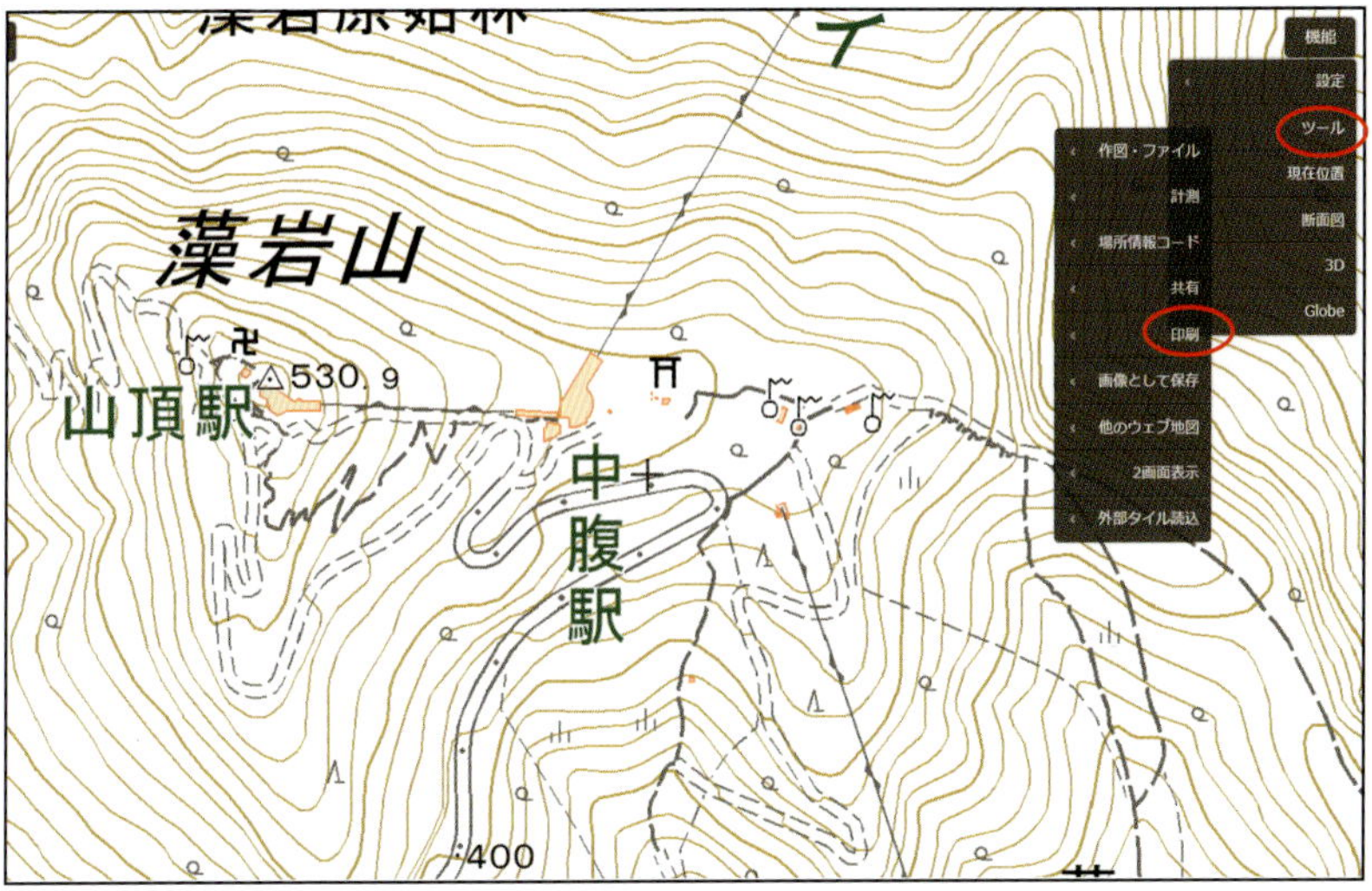

地理院地図（電子国土 Web）で地形図を見ることができ、「機能」から「ツール」「印刷」をたどって、希望の範囲を印刷することができる

状に延びていることが多いので、進路を正しく判断しながら歩くには地図が必要だが、正確な地図はほとんど提供されていない。コースによっては現地のビジターセンターで地図を配布したり、コースの分岐に地図板を設置して現在地や行き先が分かるようにしたりした所もあるが、そうでない所もかなりある。

一般的には国土地理院発行の地形図が頼りだが、ハイキングコースの細かな道は省略されていることが多い。使用の際は地理院地図（電子国土Ｗｅｂ）のサイトで地形図を見て、印刷して使いたい。

食べ物

「短時間だから」と食べ物を持たないで出かけ、空腹に陥ることがある。空腹が過ぎると歩くこともできなくなるので、必ず持ちたい。おにぎり、いなりずし、サンドイッチなど、自分の好みで、食べやすいものがよい。糖質は即効性のあるエネルギー源で、食いだめはできないので、あめ、チョコレート、どら焼きなど好みのものを適宜補給したい。

コース情報

ヒグマの出没や台風被害で一時的に閉鎖されることがある。設置者のサイトで情報が提供されるので、確

イラクサ
ごく小さなトゲだが、触ると激烈な痛みに襲われ、水ぶくれができる。時間とともに消えていく

ダニ取り器
いろいろな器具があり、これは一例。フォーク部にダニの口を挟み、一方向に回し続けると取れる。先のとがったピンセットでもよいが、回しにくい

抗ヒスタミン成分の入った薬

マダニ

虫刺され
蚊に刺されたら、すぐに抗ヒスタミン成分の入った薬を塗ると、かゆみを抑えられる。腫れた場合は炎症を抑えるステロイド剤配合のものを使う

認したい。また、登山者らがコース情報を共有する「ヤマレコ」「YAMAP」などのサイトも活用できる。

虫への備え

虫刺されは悩みの種だ。特に気を付けたいのはダニ。重症熱性血小板減少症候群のウイルスをもつマダニにかまれ、重症化すると死亡することもあるという。人をかむのはシュルツェマダニ、ヤマトマダニの2種が主で、野山ならどこにでもいる。かまれないための対策は、皮膚を露出しない、虫よけ薬を塗る、定期的に体についていないかを確認すること。さらにハイキング終了時と、帰宅後に念入りに点検するべきだ。

ダニを探しやすいように明るい無地の衣類を着ることも効果的だ。刺されたらすぐに取り除きたくなるが、指先でつまむとダニの体液を自分の体内に押し出すことになるので注意が要る。基本は皮膚科で取り除いてもらうことだが、休診の場合は市販のダニ取り器かピンセットで取り、翌日ダニ持参で病院へ行くのも止むを得ないだろう。

ほかの虫ではヤブカ、ブユに刺されることが多い。虫よけ薬を塗り、刺されたら抗ヒスタミン成分の入った塗り薬で症状の悪化を抑えるとよい。

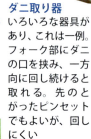

GPSアプリ
スマホに内蔵されたGPS機能を使い、現在地と歩いたコースの軌跡を記録するアプリ。左の例では歩いた軌跡が赤線で表示されている

山座同定アプリ
かざした方角に、見えるはずの山名が表示される

かぶれる植物

ツタウルシにかぶれることが多い。明るい場所を好み、道の脇にあるので接触しやすい。これも皮膚科で塗り薬を処方してもらうことになる。91ページの囲み記事で写真を紹介しているが、どれがツタウルシなのかを覚え、近づかない、触らないことが大事。

イラクサは茎や葉のトゲに触ると激烈な痛みがしばらく続く。シソに似た葉の形を覚え、触らないことだ。

スマホの活用

いざというときの緊急連絡に電話やメールは欠かせない。電池切れが起きないよう気を付け、モバイルバッテリーの持参を心掛けたい。

ただし通信会社の電波が届くのは基地局から近いか、高台など見通しのよい場所に限るので、谷の中や山陰で通じないときは、電波の届きやすい場所に移動しよう。

スマホのほかの用途としては写真撮影が代表的だが、GPS機能を活用して現在地を地図に表示したり、歩行の軌跡を記録したりするアプリや、スマホをかざしている方向に見える山の名を表示するアプリが無料または安価で用意されている。

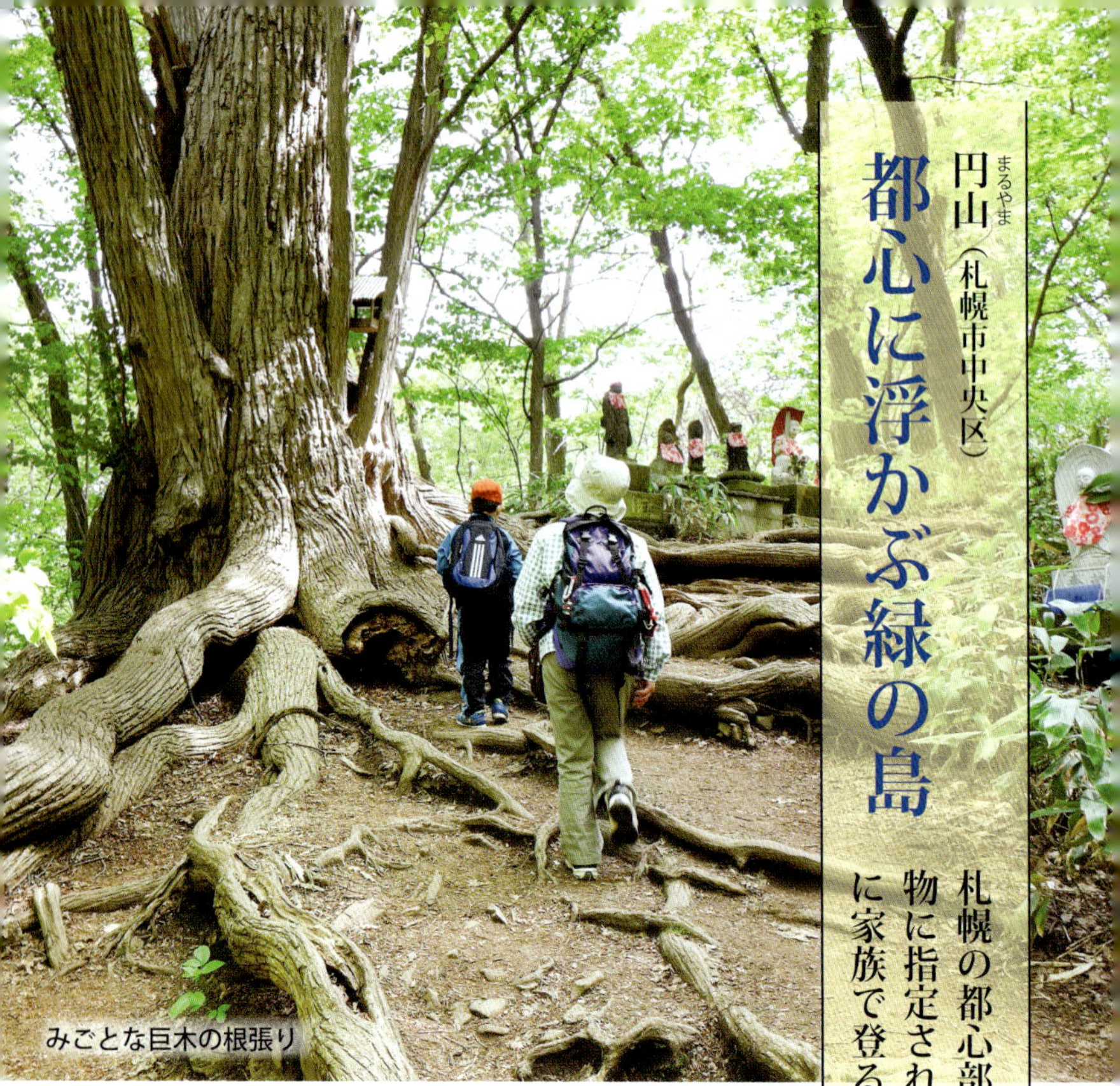

みごとな巨木の根張り

円山《まるやま》（札幌市中央区）
都心に浮かぶ緑の島

札幌の都心部に隣接し、国の特別天然記念物に指定されている。動物園に来たついでに家族で登る人が多い。

札幌市街地の西に常に見える円山は札幌市民の心に深く焼き付いており、幼少期から家族で、あるいは学校登山などで登った経験のある人は多いはずだ。

円山は1921年（大正10年）に国の特別天然記念物に指定されている。都心近くにありながら、開拓期以前から人手が入らない原始林が保存されており、その中を歩くことができる。カツラ、ミズナラ、センノキなどの巨木が次々と現れ、それはみごとだ。

大師堂コース★★★

片道1.0キロ　上り0・40　下り0・30

動物園正門前を通る幹線道路脇

円山川に沿った杉林に木道が延びている

大師堂の横から登山スタート

■交通

地下鉄円山公園駅から徒歩700 m。同駅から動物園へＪＲバスの便がある。

■マイカー情報

無料駐車場はない。公園の駐車場（有料）か北海道神宮の駐車場（参拝者１時間無料、以後有料）を利用する。

■自然歩道の管理

札幌市みどりの管理課
☎011・211・2522

■円山公園の管理

円山公園管理事務所
☎011・621・0453

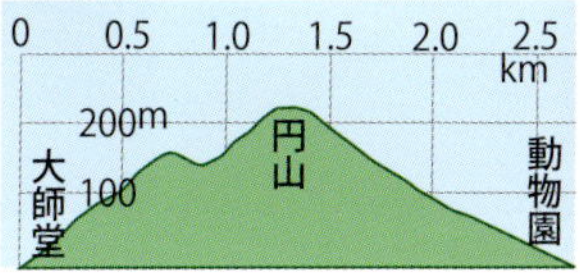

の数メートル下に円山川が流れ、対岸に大師堂がある。弘法大師を祭り、1915年（大正4年）に建てられた。このお堂の横から八十八カ所の石仏が並ぶ山道が延びており、自然歩道にもなっている。

山頂まで1キロ、標高差にして200メートルほどなので、健脚なら30分もあれば登れるが、実際にはけっこうきついし、美しい原始林や動植物に目をやる余裕もない。周囲の自然を眺めてゆっくり登りたいものだ。

特に楽しみたいのは巨木群だ。カツラなどの巨木は、他ではなかなか見ることができないほど立派だ。山頂は岩場になっているが、1872年（明治5年）に開拓使庁舎の基礎材として石を切り出した跡である。おかげで、今も視界

山頂の眺めはがんばった登山のご褒美

動物園コースは人が少なく静かだ

下りの分岐。右は大師堂へ。正面は動物園へ

が開け、札幌の街を一望できる。

動物園コース☆☆★

片道1.1キロ　上り0・50　下り0・40

帰路は違うコースを下りて変化をつけよう。登ってきた大師堂コースとの分岐からさらに動物園方向に延びる尾根上の道を進む。

大師堂コースよりは静かで、自然の奥深さを味わうことができるが巨木はない。森林に囲まれ、とてもすぐ近くにビル群があるとは思えない。

斜面を下りきると動物園のネットフェンスに突き当たり、左へ１００メートル行くと動物園裏入口に出る。右へ行くと円山川に沿った幅広い木道となり、動物園正門に戻る。一帯は北海道では珍しい杉林だが、開拓使の養樹園だった１８９０年（明治23年）ごろに植林されたものと記録にある。

コースタイム
八十八ヶ所入口
動物園
0:20→
←0:20
←0:30
0:40→
←0:20
0:30→
円山
動物園裏入口
大師堂コース
片道1.0km上り0:40 下り0:30
動物園コース
片道1.1km
上り0:50 下り0:40
環状通
124
バスターミナル
円山公園駅
地下鉄東西線
円山公園
テニスコート
北海道神宮
(35)
大師堂
坂下グラウンド
円山総合運動場
円山競技場
八十八ヶ所入口
円山川
円山球場
50
円山公園
円山墓地
札幌市
中央区
453
89
「動物園正門前」
JR
「動物園前」
0.4
1.0
大師堂コース
円山原始林
円山動物園
フェンス
0.7
0.1
(80)
動物園裏入口
動物園コース
円山
岩場に注意
225.0
分岐
環状通
「円山西町2」
円山西町
双子山
89
旭山記念公園
円山西町
旭ヶ丘
89
0 100 200 300 400 500m
N
W
E
S

大倉山ジャンプ競技場から見た札幌市内

三角山《さんかくやま》・大倉山《おおくらやま》・奥三角山《おくさんかくやま》（札幌市中央区・西区）

ビル街を望む縦走

札幌市街地の西に連なるミニ山脈。常に札幌の街を東に見ながら縦走を楽しめる。

コースのほとんどは札幌市の自然歩道である。札幌の市街地の西端に連なる小高い山をつないで、2キロほどの縦走登山が楽しめる。途中の大倉山から下山もできるのはありがたい。

山の手入口

三角山・山の手コース★★★

片道1.3キロ　上り0・40　下り0・30

三角山への最も一般的な登山コース。途中でコースが分岐するので、好みに応じて選ぶ。山頂からの眺めはよいが、年々樹木が成長し、眺望が妨げられている。

三角山～奥三角山縦走★★★

片道1.9キロ　行き1・10　帰り1・00

縦走（じゅうそう）：尾根上に連なる幾つものピークを連続して登ること

山の手入口の駐車スペース

春にはキタコブシが咲くこぶし平

■交通

山の手入口：ＪＲ琴似駅―地下鉄宮の沢駅間のＪＲバスで山の手 4-11 下車。徒歩 200 m。

宮の森入口：上記バス宮の森 4-10 下車。徒歩 400 m。

大倉山入口：地下鉄円山公園駅発（円 14）のＪＲバスで大倉山競技場入口下車。徒歩 800 m。

小別沢入口：上記バス宮の森 2-17 下車。徒歩 1.6km。

■マイカー情報

宮の森入口と小別沢入口には駐車場がない。

■自然歩道の管理

札幌市みどりの管理課

☎ 011・211・2522

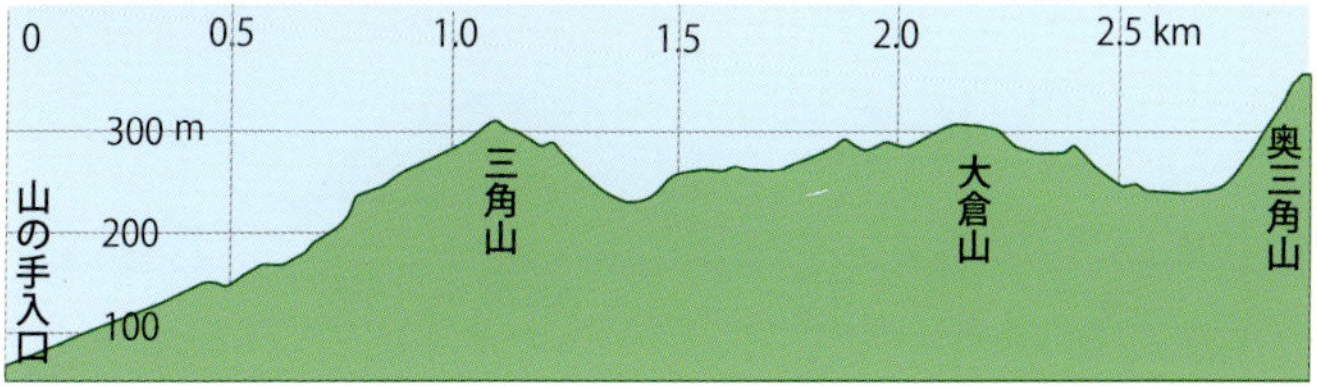

三角山山頂から大倉山へ、さらに奥三角山を目指す。奥三角山への登りはかなりの急斜面なので、小別沢入口へ向かう途中まで行き、緩やかな斜度の道を登るのもよい。

宮の森入口

駐車場がないのでバス利用者向き。「二人静かの散歩道」と名付けられたコースはここの登山口が近い。採石場跡を経由するコースもこちらが便利だが、自然歩道には設定されていない。もうひとつ、大倉山側の住宅地から民有地を通って自然歩道に入る小道がある。小さな標識があるので、通ることに問題はないだろうが、いつまでも通れる保証がないし、標識が長期間存在するかも不確かだ。大倉山入口から山の手入口へ戻る際にはとても便利な存在である。

コースタイム
小別沢入口
0:15→
←0:10
0:15→
←0:10
←0:20
0:20→
大倉山
←0:30
0:30→
山の手入口
奥三角山
←0:20
0:10→
0:20→
←0:30
大倉山入口
←0:40
0:30→
三角山
縦走コース
三角山〜奥三角山
片道1.9km行き1:10 帰り1:00
山の手コース
山の手入口〜三角山
片道1.3km上り0:40 下り0:30
左股川
188
塀
「三角山入口▶」の
小さな標識
哲学の道
0.6
0.3
0.3
0.3
0.3
0.2
0.5
1.0
0.4
0.4
0.2
0.3
0.2
採石場跡
311.1
三角山
採石場跡
こぶし平
札幌緑花会
緑ヶ丘療育園
山の手入口（緑花会入口）
(75)
「山の手4-11」
二人静かの散歩道
宮の森病院
宮の森入口
駐車場なし
(70)
山の手
南19条宮の沢線
西 区
山の手
宮の森
宮の森四条緑地
馬ノ背
「宮の森4-10」
宮の森緑地
ナマコ山
山の手通
453

至福井８丁目バス停
小別沢
小別沢入口
小別沢会館
(145)
私有地
駐車場なし
案内標柱あり
畑地を歩く
無断駐車不可
私有地
札幌市
西　区
小別沢
0.5
0.9
0.4
0.4
急登
354
0.2
奥三角山
(よこして山)
小別沢トンネル
割れ目
0.7
(民有地)
大倉山
307
0.7
展望ラウンジ
眺めよし
この道は自
歩道ではな
ので標識が
い
0.5
中央区
大倉山ジャンプ競技場
リフト
エスカレーター
大倉山入口
(165)
札幌聖心
女子学院
札幌オリンピック
ミュージアム
WC
P
「宮の森2-17」
JR
JR「大倉山競技場入口」
宮の森
185
荒井山
荒井山シャンツェ
宮の森中
荒井山緑地
大倉山小
W
N
S
E
0 100 200 300 400 500 600m

三角山から見た西区西野地区と手稲山

三角山の山頂は岩場。木が伸びた

採石場跡。市が買い取り、緑化再生している

大倉山入口

山頂を通る自然歩道に合流するまでジャンプ台の横を登るが、この区間は自然歩道外なので、市のサイトには一切記載されていない。歩道入口を示す標識がないし、途中で分岐する箇所にも標識がないので注意が要る。同じ市の施設なので連携があればよいと思うのだが。

小別沢入口

自然歩道の看板から畑地を抜けるまでは民有地内だ。付近に登山者が使える駐車場はない。周囲の道も農作業車が出入りするので道路脇に止められない。車利用なら大倉山入口スタートがよい。

最初は農地内の作業道を歩く。畑へ向かう分岐道もあり戸惑うが、左ページの写真を参考に進みたい。上部でトンネル上を進む自

奥三角山の山頂からの眺め。①荒井山②円山③神社山

小別沢入口。左の畑に入り込まないよう注意

然歩道と、奥三角山へ向かう民有地の道に分かれる。

奥三角山は民有地にあり、自然歩道ではない。よこして山という別名もあり、地主がお孫さんの名の頭文字を連ねて付けたそうだ。

なお、大倉山は北海道神宮の土地だが、1931年（昭和6年）にジャンプ台が造られたときに資金寄付者の大倉喜七郎男爵に感謝の意を表して付けられたそうだ。

若き三浦雄一郎氏の三角山直滑降はホント？

プロスキーヤーの三浦氏が若いころに、三角山の頂上からの直滑降に成功したという話を本で読んだ。あの密集した樹林の急斜面をどうやって滑るのかと私は疑問に思っていた。

しかし、1948年の航空写真を見ると、三角山の頂上から東に向かって樹木のない大斜面が平地まで続いていた。これなら直滑降も可能である。それにしても、この急斜面を直滑降するとはすごい人だ。

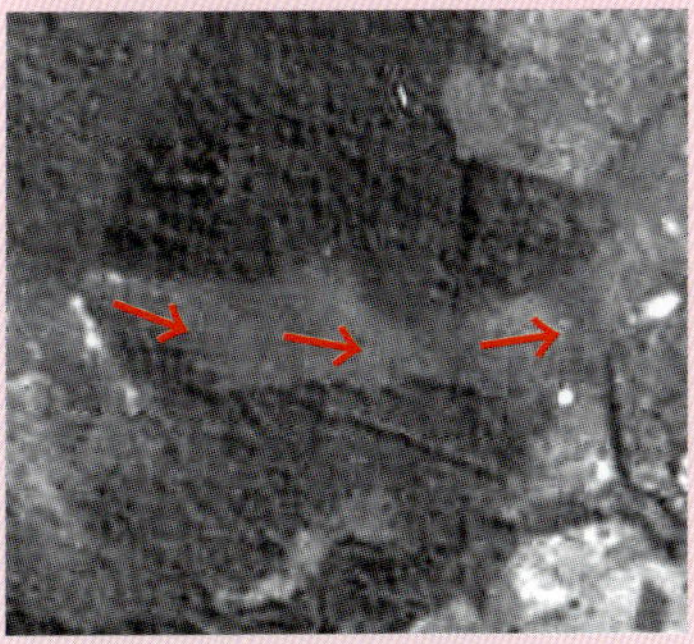

山頂から見下ろす札幌市街

藻岩山《もいわやま》（札幌市中央区・南区）

札幌の街を一望

札幌市街地のどこからでも見える藻岩山は札幌のシンボルだ。登山遠足の思い出を持つ人も多いはず。5本あるコースをたどり歩いてみよう。

観光自動車道路やロープウエーでも上がれるが、明治時代から続いている徒歩登山こそ、この山にふさわしい登り方だろう。市街地に隣接していながら、国の天然記念物に指定されている原始林があり、動植物が豊富だ。全コースが札幌市の自然歩道である。

慈啓会コース☆☆☆

片道2.9キロ　上り1・10　下り0・50

昔から養老院コースとして親しまれてきた。登山道は1886年（明治19年）に新善光寺の参拝道として開削され、西国三十三カ所観音霊場を模して33体の石仏が安置された。

観音寺駐車場。満車なら旭山公園へ

石仏が山頂まで見守ってくれる

慈啓会病院入口

■交通
地下鉄円山公園駅発ＪＲバス循環円10、11で慈啓会前下車。

■マイカー情報
登山口に観音寺が山頂の奥ノ院参拝者のために用意した無料駐車場がある。20台ほどだが、朝早いうちに満車になることが多い。

■自然歩道の管理
札幌市みどりの管理課
☎011・211・2522

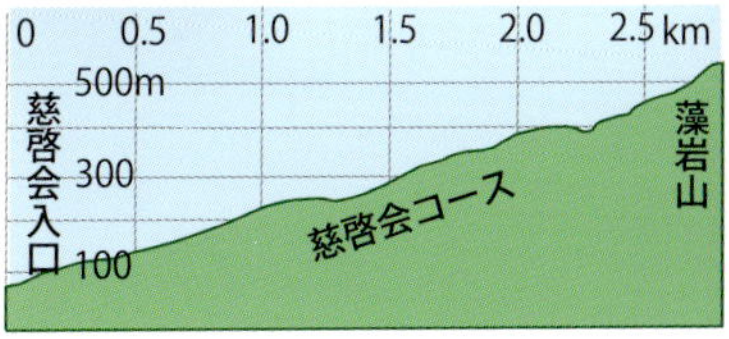

馬ノ背へ向かう中ほどにコンクリート製の遺構がある。一時は高射砲の台座だとうわさされていたが、後にアメリカ軍スキー場のリフト台座であることが分かった。現在はその事実を説明する案内板が現地に設置されている。

斜面を登り切ると尾根の馬ノ背に出る。眺望はないが、数基のベンチがあり、一休みするにはよい場所だ。ここからもう一息、1・1キロで頂上だ。

ジグザグ道をひと登りすると頂上を占領する山頂施設に突き当たる。ここには登山者休憩所があり、天気の悪いときは室内で休憩できる。自由に屋上に上がることができ、ここが事実上の山頂である。眺めは素晴らしく、札幌周辺の山から遠く大雪山まで見渡すことができる。

北ノ沢入口
駐車場はない
北ノ沢コース
386
右図へ
406
小林峠コース
2.9
南区
北ノ沢
327
1.3
T６分岐
(360)
0.5
馬ノ背
(335)
1.1
50m
眺めよし
旭山記念公園コース
1.5
岩山
530.9
りすカー
わ中腹駅
慈啓会コース
1.8
旭山記念公園
アメリカ軍
スキーリフト基礎
リフト位置
221
「旭山公園前」
(125)
旭山記念公園駐車場入口
界川
0.9
「界川２丁目」
旭丘高校
(80)
慈啓会病院入口
旭山記念公園入口
伏見
札幌平和塔
178
慈啓会病院
観音寺
89
「慈啓会前」
「界川」
水道記念館
もいわ山ロープウェイ
もいわ山麓駅
藻岩山麓通
電車事業所前
中央区
環状通
453
89
市電
小林峠
小林峠入口
(295)
82
394
旧道
小林峠コース
2.9

コースタイム
小林峠コース ★★★
片道4.5km上り1:40 下り1:20
小林峠入口
北ノ沢入口
北ノ沢コース ★★★
片道2.4km上り1:00 下り0:50
T６分岐
旭山記念公園コース ★★★
片道3.1km
上り1:40 下り1:20
市民スキー場コース ★★★
片道2.5km上り1:30 下り1:00
市民スキー場入口
藻岩山
馬ノ背
旭山記念公園駐車場入口
慈啓会コース ★★★
片道2.9km上り1:10 下り0:50
慈啓会病院入口
藻岩山観光自動車道
市民スキー場入口
藻岩下
舗装道
明瞭な道
札幌藻岩山スキー場
標識なし
入口不明瞭
迷
国道へ
スキー場
雪友荘
階段
登山道
市民スキー場コース
377
「南38西11」
「南34西11」
山鼻川
藻岩発電所
札幌市
南区
中央区
豊平川
0 200 400 600 800 1000m

アメリカ軍スキーリフト跡地

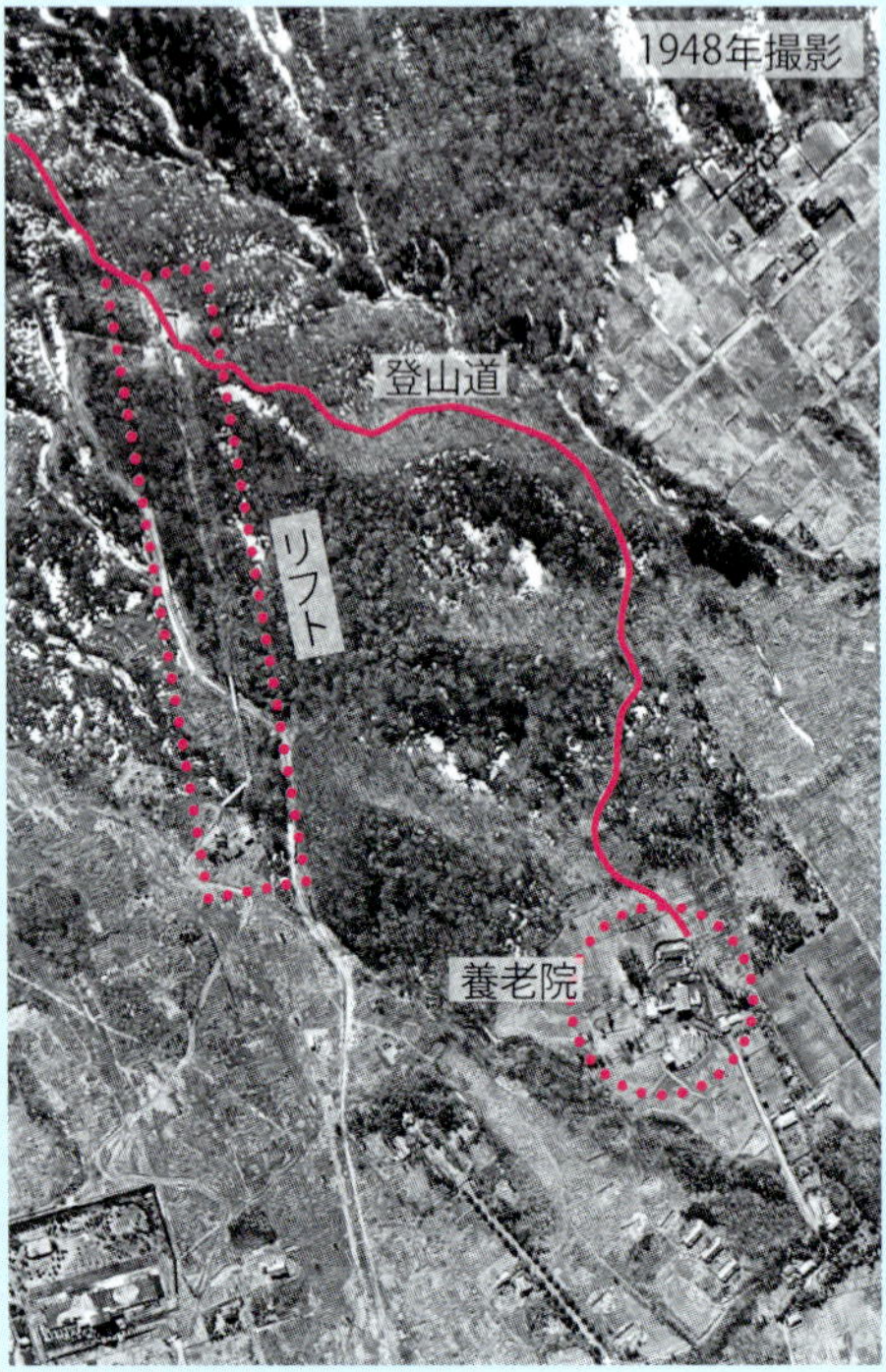

現在残っている基礎の一部

一時は高射砲の台座だとうわさされていたコンクリート製の構築物はアメリカ軍スキー場のリフト支柱を支える基礎だったと分かり、現在は案内板がある。スキー場は山頂にまで至る大規模なもので、スキーリフトは日本初だったそうだ。スキー場は俗にメリケンスロープと呼ばれ、私も昭和30年代まで滑った。その後宅地化され、現在は伏見の住宅街になっている。

旭山記念公園コース☆☆☆

片道3.1キロ　上り1・40　下り1・20

慈啓会コースと違い、駐車場所確保の心配がないのがよい。

駐車場脇の標識「藻岩山登山口」に従い公園内の道を進むと、自然歩道に導かれる。その後は尾根上を進むが、樹木が茂って視界はなく、やや退屈な登りになる。

小林峠からの自然歩道が交わるT6分岐（このTと6が何を表すかは不明）の手前のピークで初めて視界が開け、札幌の市街地が見渡せる。

T6分岐から尾根上を500メートル進むと馬ノ背で、以後は慈啓会コースと同じ。

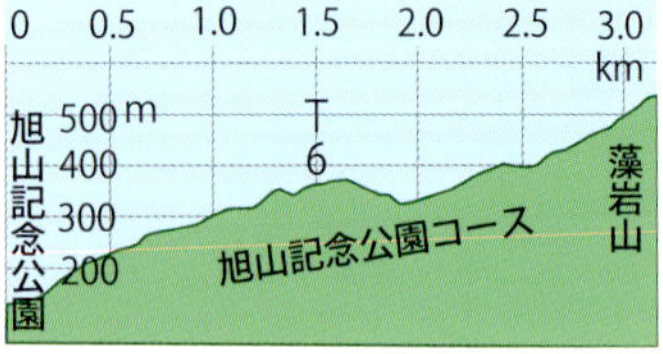

藻岩山への標識に従って進む

旭山記念公園第２駐車場

Ｔ６分岐手前のピークからの眺め

Ｔ６分岐。眺めはない

旭山記念公園駐車場入口

■交通

地下鉄円山公園駅発ＪＲバス旭山公園線で旭山公園前下車。

■マイカー情報

公園入口に無料の第２駐車場（6時～22時）がある。慈啓会コースの駐車場が満車のときはこちらから登るとよい。慈啓会入口へ下山し、車まで徒歩1.2kmである。

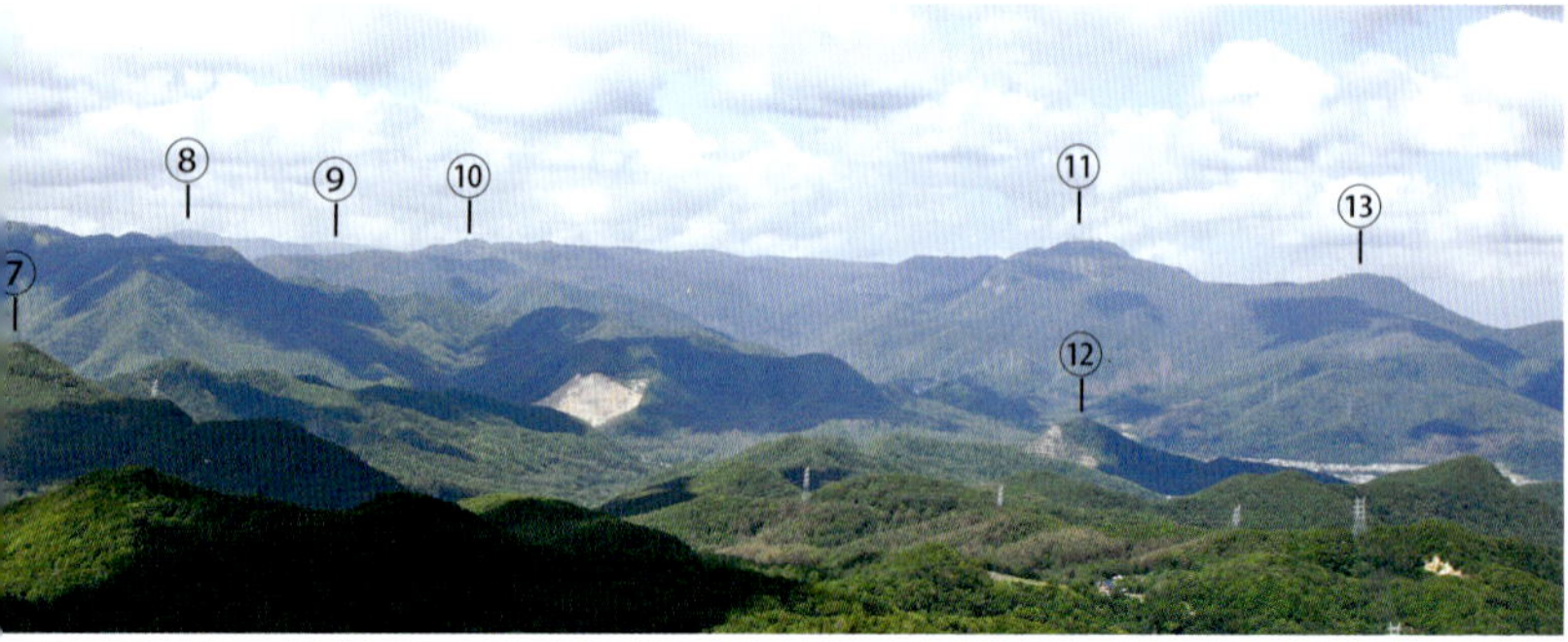

⑦三菱山 ⑧白井岳 ⑨朝里岳 ⑩迷沢山 ⑪手稲山 ⑫五天山 ⑬ネオパラ山

小林峠入口

■交通

地下鉄真駒内駅発じょうてつバス南97で山水団地前下車。徒歩1.5km。ばんけいバス発寒南・真駒内線で盤渓下車。登山口まで徒歩1.1km。

■マイカー情報

小林峠に駐車場がある。

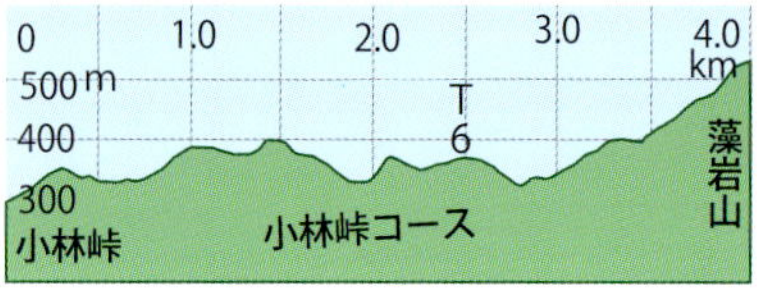

峠の200m先に自然歩道入口がある

小林峠コース★★★

片道4.5キロ 上り1・40 下り1・20

小林峠から200メートル盤渓寄りに登山口がある。道道82号は2017年に新道に切り替わり、旧道化した峠越えの道は、車が少なく静かになった。

藻岩山のなかで最も奥深さを感じるコースだ。途中、景色がよいわけでもなく、幾つもの小ピークの腹を巻きながらアップダウンを繰り返す。歩く人が少なく、静かで深い山を感じられる。

約3キロの尾根道を歩き、T6分岐へ。さらに主稜線を進んで馬ノ背経由で山頂へ向かう。

峠に車を置いた場合、登頂後同じコースを戻るか、北ノ沢コースを下り、峠まで車道を3キロ歩いて戻ることになる。坂道の上りなのでけっこうハードだ。

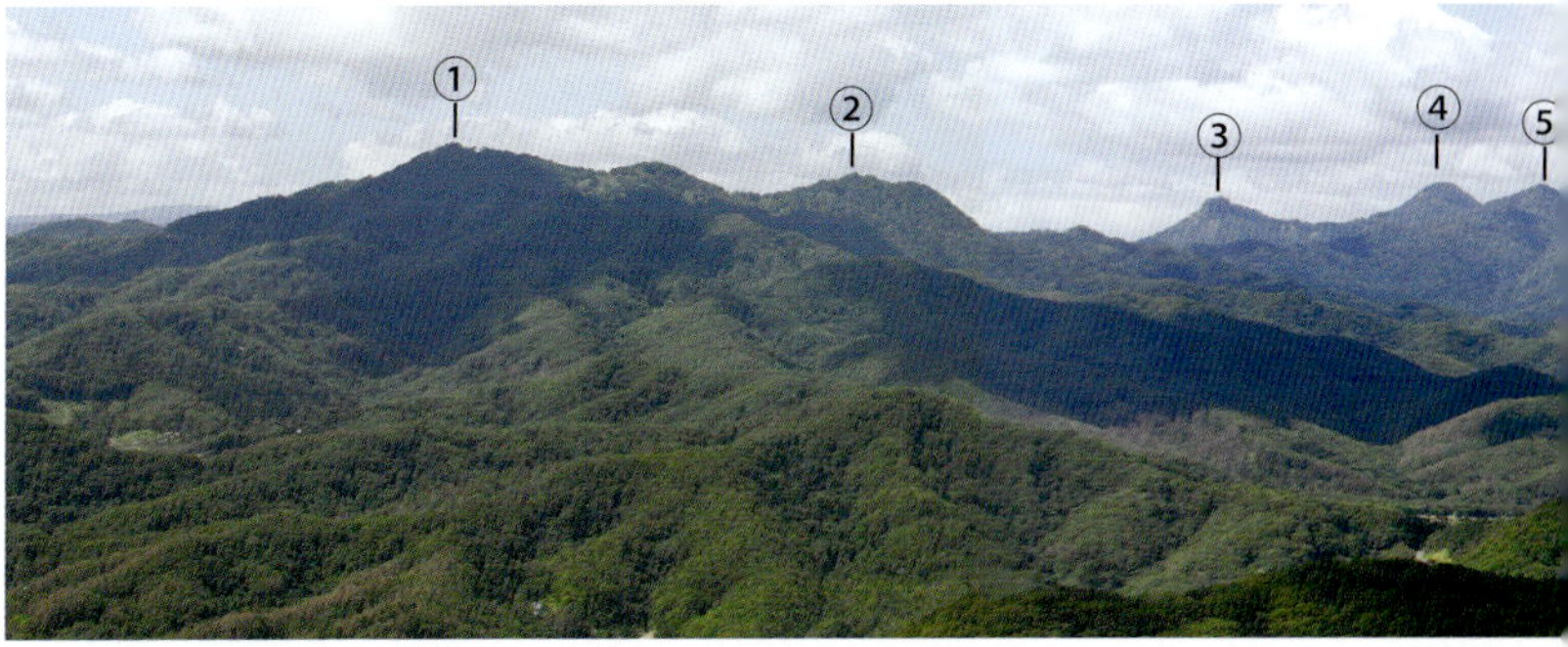

西方向の山 ①砥石山 ②割れ山(通称) ③神威岳 ④烏帽子岳 ⑤百松沢山南峰 ⑥同北峰

藻岩山最短のコースだ

北ノ沢入口。駐車場はない

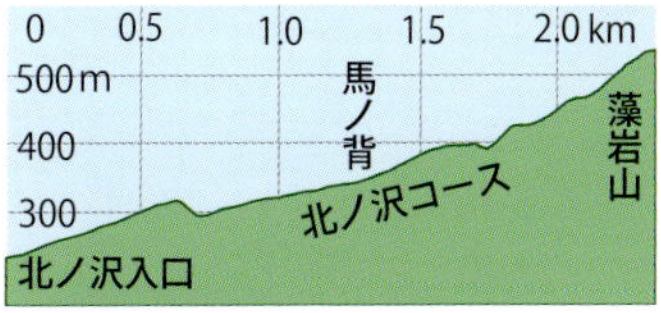

北ノ沢コース★★★

片道2.4キロ 上り1・00 下り0・50

藻岩山の最短コースだ。初めは作業道跡をたどり、その後は登山道になる。標高差わずかに110メートル、距離1・3キロで馬ノ背の50メートル山頂寄りに出る。慈啓会コースは標高差300メートルなので、圧倒的に楽だ。馬ノ背からは慈啓会コースと同じ道をたどる。このコースの欠点は駐車場がないことだ。登山口は人家に接しており、道幅が狭いので、勝手な駐車は迷惑になる。

北ノ沢入口

■交通

地下鉄真駒内駅発じょうてつバス南97、北の沢二股下車。登山口まで徒歩1.2km。

■マイカー情報

駐車場はない。

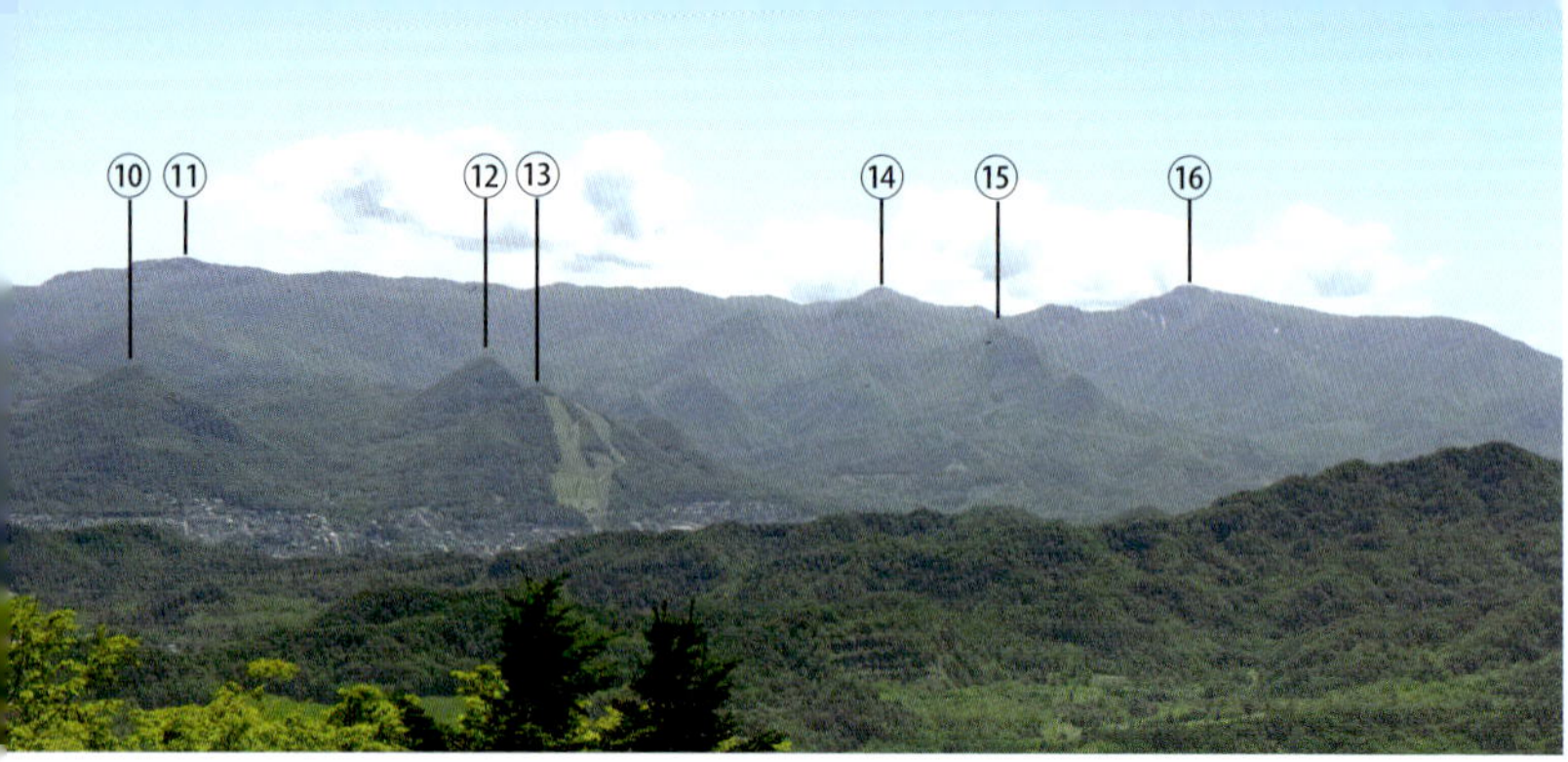

⑥硬石山 ⑦恵庭岳 ⑧藤野富士 ⑨オコタンペ山 ⑩豊見山 ⑪空沼岳 ⑫豊平山(焼山)

もーりすカーの横を歩いて頂上へ

スキー場駐車場から登山口へ向かう

市民スキー場コース☆☆☆

片道2.5キロ 上り1・30 下り1・00

駐車場から川へ向かって100メートル下った先に自然歩道入口があり、尾根への登りが始まる。道は単純な一本道だが、きつい登りだ。

標高400メートルほどで開けたスキーコースの頭に出て、眺めがよくなる。ここからスキーコースを下って登山口へ向かう道がある。地図に示したが、標識がなく、踏み跡が幾つもあるので、判断できなかったら歩くのをあきらめたほうがよい。

一段上がると平たん地になっており、ロープウエーの駅舎の階段を上がり、ミニケーブルカーである「もーりすカー」の脇を上がる。途中で左に分かれるジグザグの自然観察路のほうが傾斜が緩やかで歩きやすい。

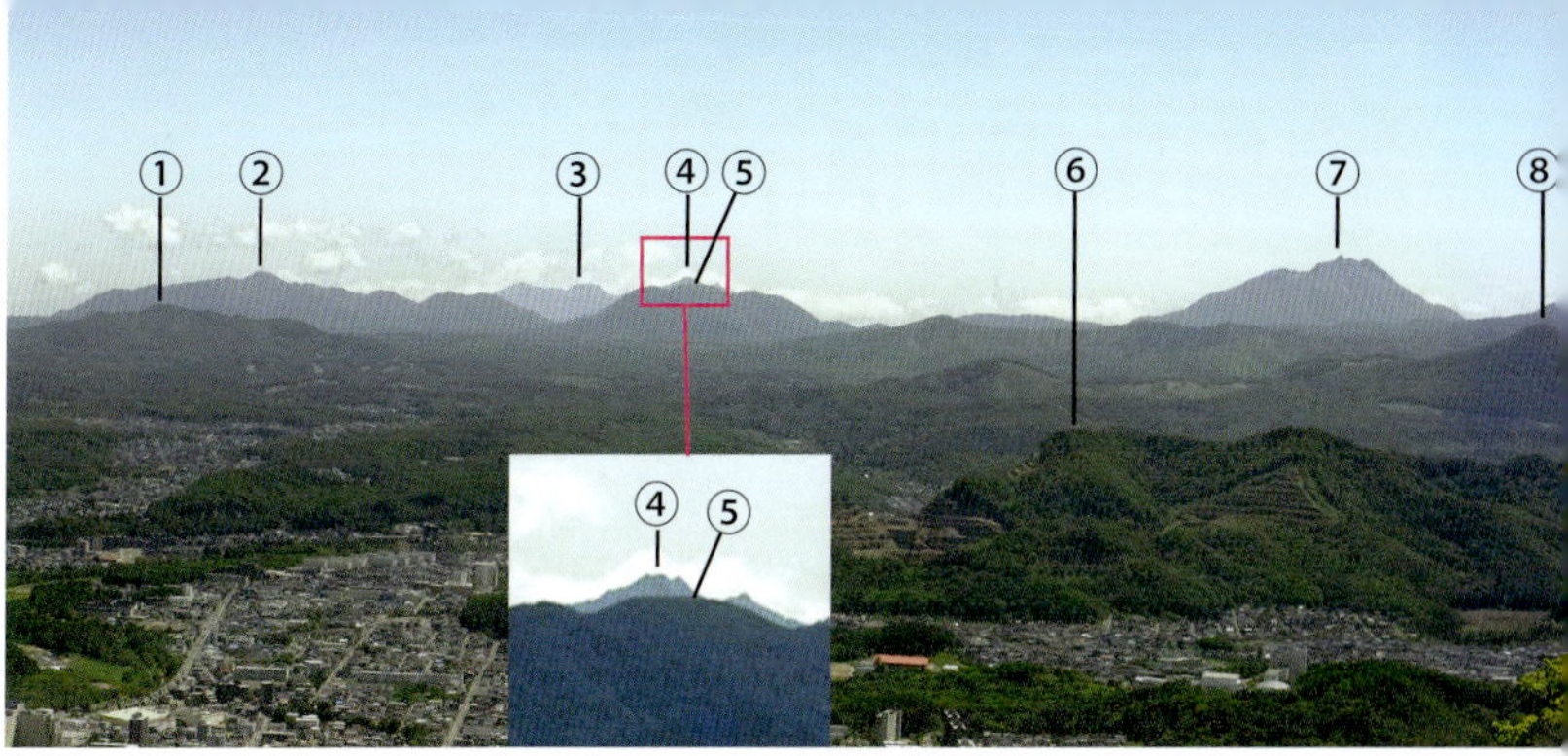

南方向の山 ①野牛山 ②紋別岳 ③樽前山 ④風不死岳 (奥) ⑤イチャンコッペ山 （手前）
⑬豊栄山 ⑭狭薄山 ⑮盤ノ沢山 ⑯札幌岳

屋上は無料展望台として開放されている

山頂

山頂には参拝道の終点として浄土宗観音寺藻岩観音奥之院があり、水かけ観音が祭られている。最高点には展望台がある。屋上は自由に上がることができ、全方位の眺めを楽しめる。南と西方向の眺めを写真で紹介したが、空気が透明なときならば日高山脈の幌尻岳や大雪山、十勝連峰も見えるので、ぜひ長距離展望を楽しんでほしい。

市民スキー場入口

■交通

ＪＲ札幌駅発じょうてつバス南55、南34西11下車。登山口まで徒歩1.5km。

■マイカー情報

スキー場の駐車場が利用できる。

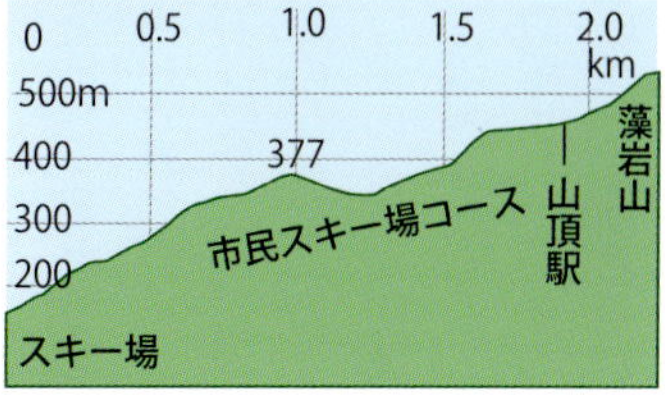

三菱山から札幌市内方向の眺め

盤渓市民の森《ばんけいしみんのもり》（札幌市中央区）

人里近くて奥深い

毎年ヒグマ出没のニュースが流れる市民の森だが、札幌の市街地から4キロしか離れていない近さで自然が感じられる貴重な場所だ。

三菱山から最奥へ☆☆☆
一周4.8キロ　2・45

ばんけいスキー場のある三菱山の裏側が札幌市の盤渓市民の森として開放されている。山頂部は市民の森のコース外だが、眺めがよく、コース中で最も魅力のあるポイントである。

登山口は隣り合って2カ所あり、奥側の駐車場から登る場合は小川を渡らなければならないが、春の増水期は渡るのが難しいときがある。コースは網の目状で複雑だが、分岐点には番号が振られてコース案内図が設置されているので迷う心配はない。どう回るかは

旧道道から妙福寺へ向かう市道盤渓線へ

■交通
ばんけいバス（地下鉄発寒南駅－地下鉄真駒内駅）で盤渓下車。市民の森入口まで徒歩 1km。
■マイカー情報
駐車スペースが 2 カ所ある。
■市民の森の管理
札幌市みどりの管理課
☎ 011・211・2522

各分岐点には地図付きのコース案内板がある

ゲート前の駐車スペース

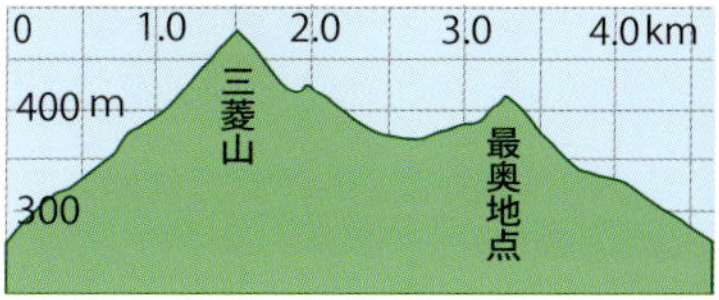

各自の好みだが、ここでは最短で山頂へ向かい、その後、最奥地点まで行くコースを設定してみた。

　多くは樹林の中の林道跡を歩く。あまり変化はないが場所によって植生が異なるので、いろいろな植物を楽しめる。奥へ歩き進むほど、道は細くなり、巨木が増え、山深くに達した感が強くなる。

　三菱山の頂上からは札幌の市街地はもちろん、支笏湖方向の樽前山や恵庭岳、遠く増毛山地の暑寒別岳などの山々、空気が澄んでいれば、大雪山の北鎮岳、旭岳、トムラウシ山、十勝連峰の十勝岳、オプタテシケ山さえ確認できる。遠くの山が見えるかどうかは運次第だが、空気が澄んでいるときは目を凝らしてみたい。

　ヒグマの出没が心配なので、単独行は避け、鈴を携帯しよう。

82
「盤渓」
盤
側の道がはっきりしている
至真駒内
妙福寺、市民の森
看板あり
6
0.2
5
4
旧道
至小林峠
0.1
3
2
0.2
盤渓川
盤渓市民の森
1
0.2
P
WC
(265)
市民の森入口
0.5
0.1
0.4
15
P
札幌市
中央区
増水時渡渉注意
0.2
0.1
14
16
0.1
13
0.4
中央区盤渓
青少年キャンプ場
市道盤渓線
N
W
E
S
0
100
200
300
400
500
600m

さっぽろばんけい
スキー場
送電線
0.4
三菱山
482
鉄塔
標識な
石段の下は
不明瞭
7
8
9
10
11
12
17
18
19
0.1
0.3
コースタイム
三菱山
←0:20
0:15→
←0:50
0:30→
←0:40
0:50→
←0:50
0:40→
市民の森入口
最奥
一周コース ★★★
一周4.8km 2:45
ここから最奥方向へ
細い道に変わる
0.7
板の橋で川を渡る
0.9
最奥地点
盤渓山妙福寺
卍

三菱山の山頂へ向かうスキーコース

奥の方ではサンカヨウが見られる（5/27）

遊歩道から山頂へ向かう道はコース外なので標識がなく、赤布が目印

古い林道を利用した歩道 (10/24)

最奥地点で沢を越える。標識はない

石段の上が頂上

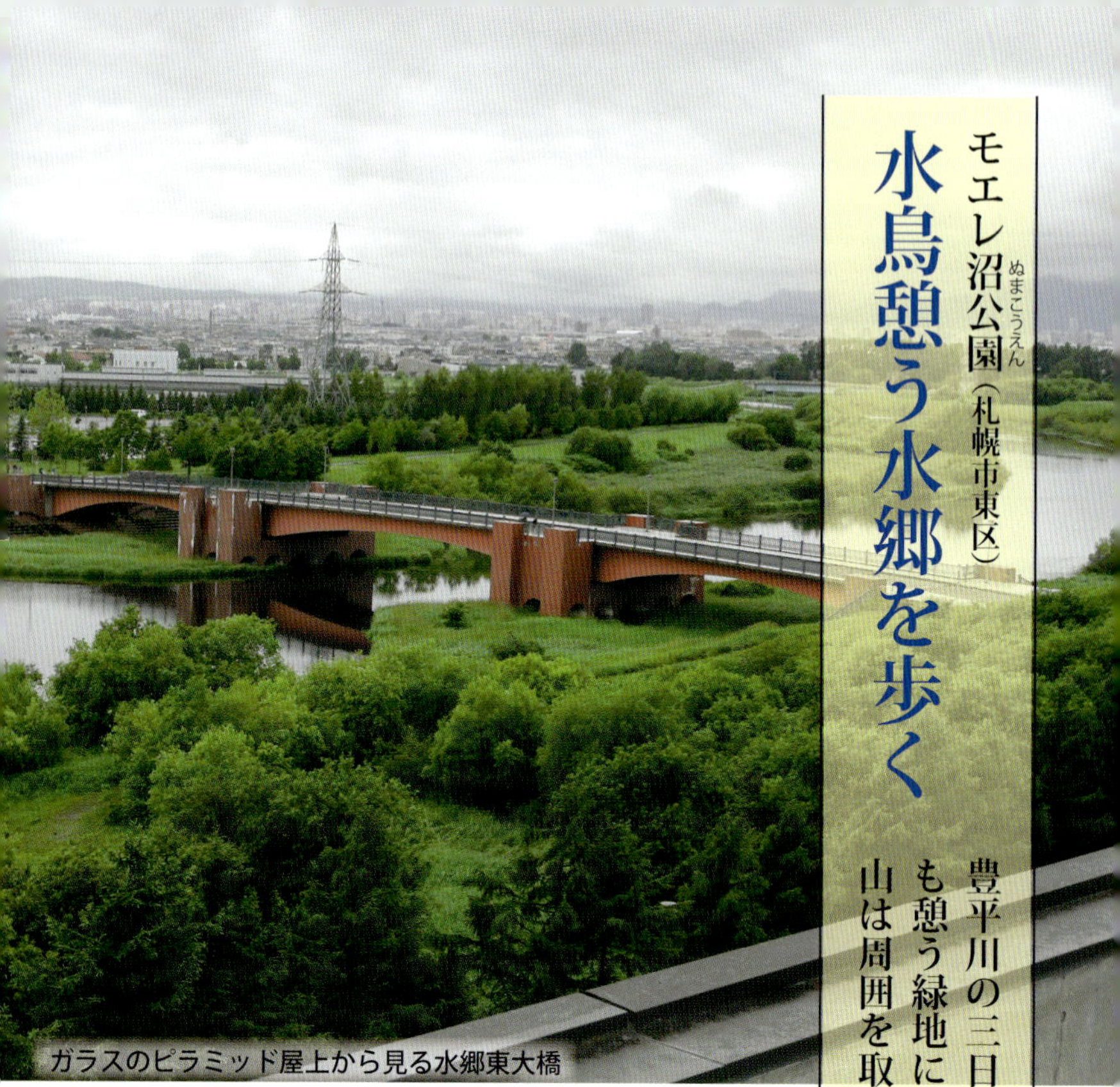

ガラスのピラミッド屋上から見る水郷東大橋

モエレ沼公園《ぬまこうえん》（札幌市東区）

水鳥憩う水郷を歩く

豊平川の三日月湖一帯は、水鳥が憩い、人も憩う緑地になった。人工で築いたモエレ山は周囲を取り巻く山々の展望台だ。

モエレ沼は豊平川が蛇行してできた三日月湖である。一帯は荒れ地で廃棄物の埋め立てに利用されてきたが、札幌市は憩いの場へと再生することを決定。公園は2005年にオープンした。

基本設計を彫刻家のイサム・ノグチ氏が行い、水郷を生かしながら、人工のモエレ山、ガラスのピラミッドなどの名所も生み出した。スポーツ施設もあり、年中、多くの市民に利用されている。

外周コース★★★　一周7.7キロ　2・00

ここでは公園紹介ではなくハイキング目的で取り上げたい。両岸

■交通
大通バスセンター、苗穂駅、地下鉄麻生駅、地下鉄環状通東駅、北34条駅、新道東駅から中央バスの便がある。
■マイカー情報
ガラスのピラミッドに併設された駐車場は通年開放。それ以外は4月20日から11月20日まで。
■公園の管理
モエレ沼公園管理事務所
☎011・790・1231

沼越しに見るモエレ山

堤防は歩く人が少ない

の堤防は歩けるようになっている。冬は除雪されないが、スキーやスノーシューを楽しむ人が多い。春と秋の渡りの時期は多くのカモ類がやってくる。マガモ、オナガガモ、ヒドリガモ、コガモ、ハシビロガモ、オオバン、ヨシガモ、カワアイサ、ミコアイサなどが常連だ。オジロワシ、オオジュリンなどもやってくる。冬になると水面は凍り、その上に雪が積もるので水鳥は本州などに渡ってしまい、姿はなくなる。

モエレ山からの眺めにも注目したい。札幌の北東部は平地なので、遠くの山々を見渡す場所がないが、人工の山であるモエレ山からは遠くまでよく見渡せる。主な山は46～47ページのとおりだが、さらにその左に恵庭岳や樽前山、右は小樽の赤岩山まで見える。

至あいの里
東区
中沼町
モエレ沼
1.6
1.3
水郷北大橋
(歩道橋)
春秋に水鳥
が多い
トラ
ウンド
プレイマウンテン
サクラの森
モエレ沼公園
モエレビーチ
ステージ
海の噴水
アクアプラザ・
カナール
0.8
1.3
ガラスの
ピラミッド
モエレ山
61.7
0.2
水郷東大橋
ニスコート
0.3
0.2
0.8
「モエレ沼公園」
三角点通
東ゲート
0.6
「モエレ沼公園東口」
N
W
E
S
至雁来大橋
0
100
200
300
400
500
600
700
800
900
1000m

至あいの里
「モエレ沼公園西口」
中沼西
苗穂丘珠通
丘
丘珠鉄工団地
篠路新川
西ゲート
水郷西大橋
0.9
陸上競技
0.8
0.8
北丘珠
苗穂丘珠通
至丘珠空港
0.3
野球
札幌丘珠高校
112
モエレ処理場
伏古拓北通
南ゲート
0.5
至伏古IC
コースタイム
水郷西大橋
←0:40
0:40→
←0:30
0:30→
0:20→
←0:20
水郷東大橋
←0:30
0:30→
外周コース
一周7.7km 2:00
雁来新川
サツラク農協
王子ゴルフガーデン
さとらんど通
さとらんど交流館
東苗穂

⑧定山渓天狗岳　⑨手稲山　⑩奥手稲山　⑪春香山　⑫和宇尻山

オジロワシ (4/3)

ガラスのピラミッド

ハイキングをするときもトイレ、休憩に欠かせない場所。イサム・ノグチ氏の設計によるモエレ沼公園の中心施設で、レストラン、ギャラリー、公園事務所がある。屋上へはエレベーターで上がることができ、広い公園を一望できる。

モエレ山から　①狭薄山　②札幌岳　③藻岩山　④砥石山　⑤割れ山　⑥神居岳　⑦百松

オシドリ (4/16)

カワアイサ (4/6)

ヨシガモ (4/16)

コガモ (4/10)

マガモ (3/26)

オオバン (左) ヒドリガモ (右) (4/16)

西野入口近くの山林を歩く

宮丘公園《みやのおかこうえん》・西野市民《にしのしみん》の森《もり》（札幌市西区）

手稲山の裾を巡る

宮丘公園から始まる散策路。小ピークを一つ越えるだけだが自然味は豊か。市街地に隣接した環境でミニ登山を楽しめる。

宮丘公園周遊★★★
一周2.6キロ　0・40

手稲山から東へ延びる尾根の末端の自然地形を生かした広い公園だ。人工的な部分が少なく、野生植物、野鳥、昆虫が豊富だ。軽いハイキングを安全に楽しむには絶好である。

春のお勧めは、ミズバショウが咲く湿地からのスタートだ。湿地は小規模だが、公園の植生を豊かにしてくれている。北1条宮の沢通の下をくぐり、西側のコースに入ることができる。

市民の森散策路の入口を通り、丘の上にある展望広場で一休み。

湿地に咲くミズバショウ（4/23）

宮丘公園で見たツチアケビの実（9/6）

■交通
地下鉄宮の沢駅と琴似駅からＪＲバスの便がある。
■マイカー情報
宮丘公園の駐車場は北１条宮の沢通から入る１カ所だけ。４月中旬から11月30日までの７時から19時の間利用できる。西野市民の森を歩く場合は西野西公園に広い駐車場があり、西野浄水場近くのゲート前にも数台止めることができる。
■宮丘公園の管理
五天山公園管理事務所
☎011・662・2424
■西野市民の森の管理
札幌市みどりの管理課
☎011・211・2522

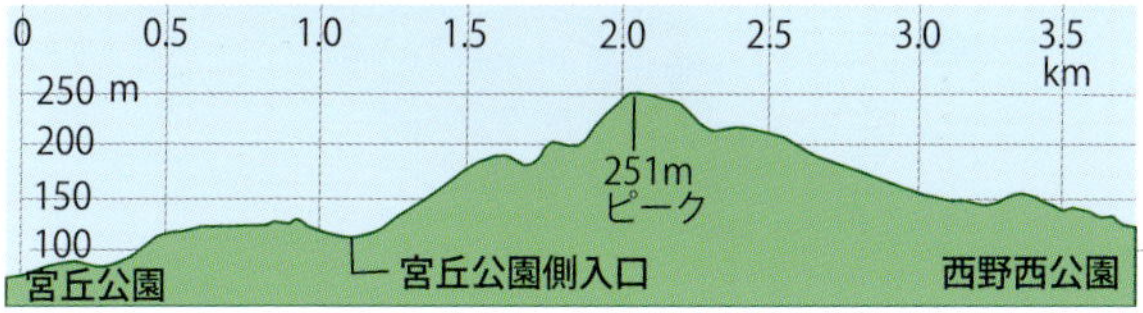

以後は広い道を通って戻るが、多くの野草に出合いたい人は脇の細い道に入るとよい。

市民の森散策路★★★　宮丘公園側入口→西野西公園　2.8キロ　0・50

宮丘公園の西端に市民の森散策路の入口がある。ここからは公園の管理区域を外れ、一段と野生的な市民の森に入る。

西野市民の森はヒグマの出没で入口が閉鎖されることがある。案内板には行動時間帯や複数人で歩行することなどの注意事項が書かれている。

道の広い公園から一歩踏み出すと、細い山道である。それだけで山に分け入った感じがする。

この道はよく整備されているが、時期によっては草が茂り、ダニに取り付かれるときもある。やはり春の早い時期か晩秋に歩くの

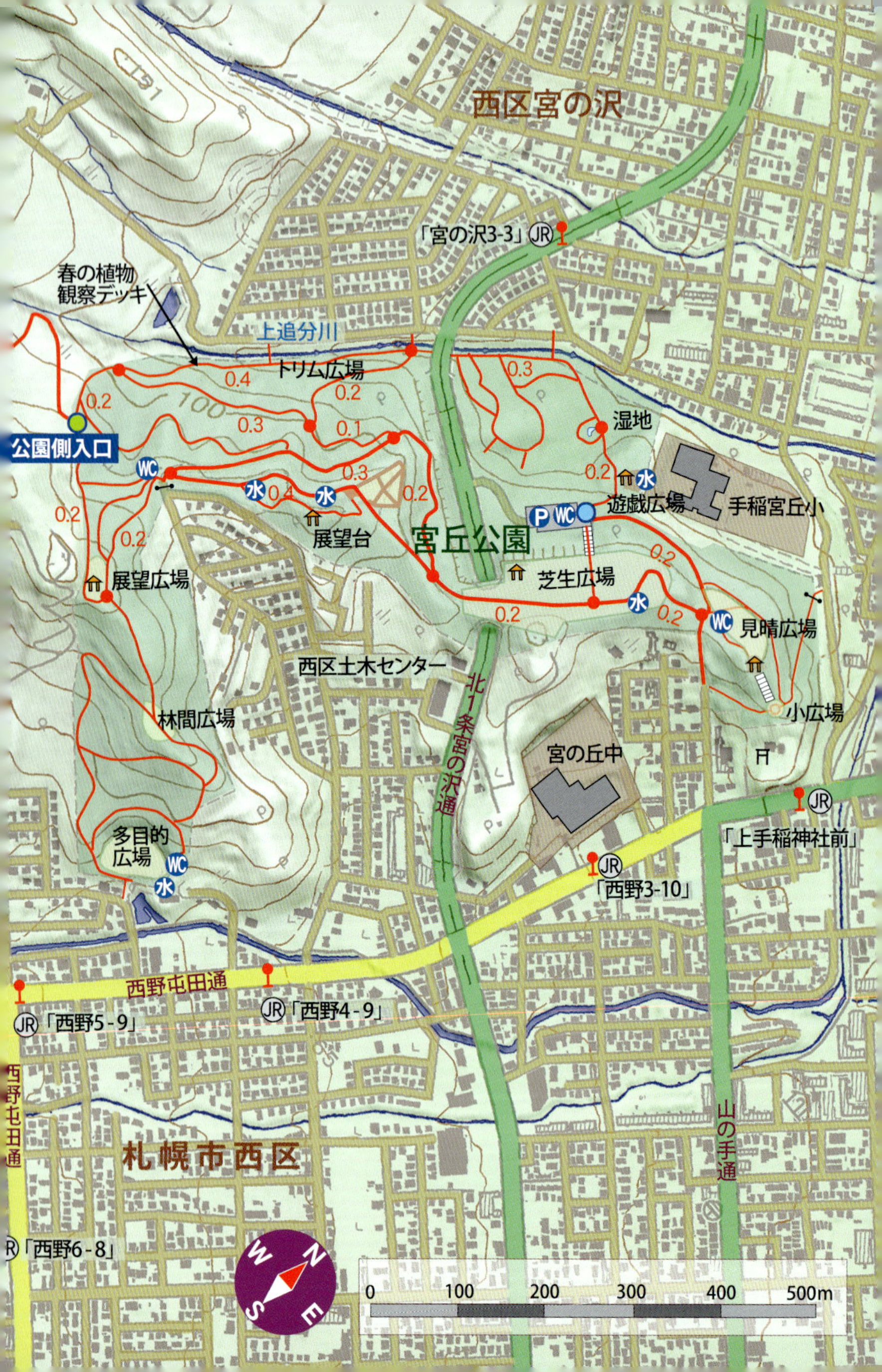

西区宮の沢
「宮の沢3-3」JR
春の植物
観察デッキ
上追分川
トリム広場
0.4
0.2
0.3
0.1
0.3
0.2
0.3
0.4
0.2
0.2
0.2
100
湿地
公園側入口
WC
水
水
展望台
宮丘公園
P WC
遊戯広場
水
手稲宮丘小
展望広場
芝生広場
0.2
0.2
0.2
水
WC
見晴広場
西区土木センター
北1条宮の沢通
林間広場
小広場
宮の丘中
JR
「上手稲神社前」
多目的
広場
WC
水
JR
「西野3-10」
西野屯田通
JR「西野5-9」
JR「西野4-9」
西野屯田通
札幌市西区
山の手通
R「西野6-8」
N
E
S
W
0
100
200
300
400
500m

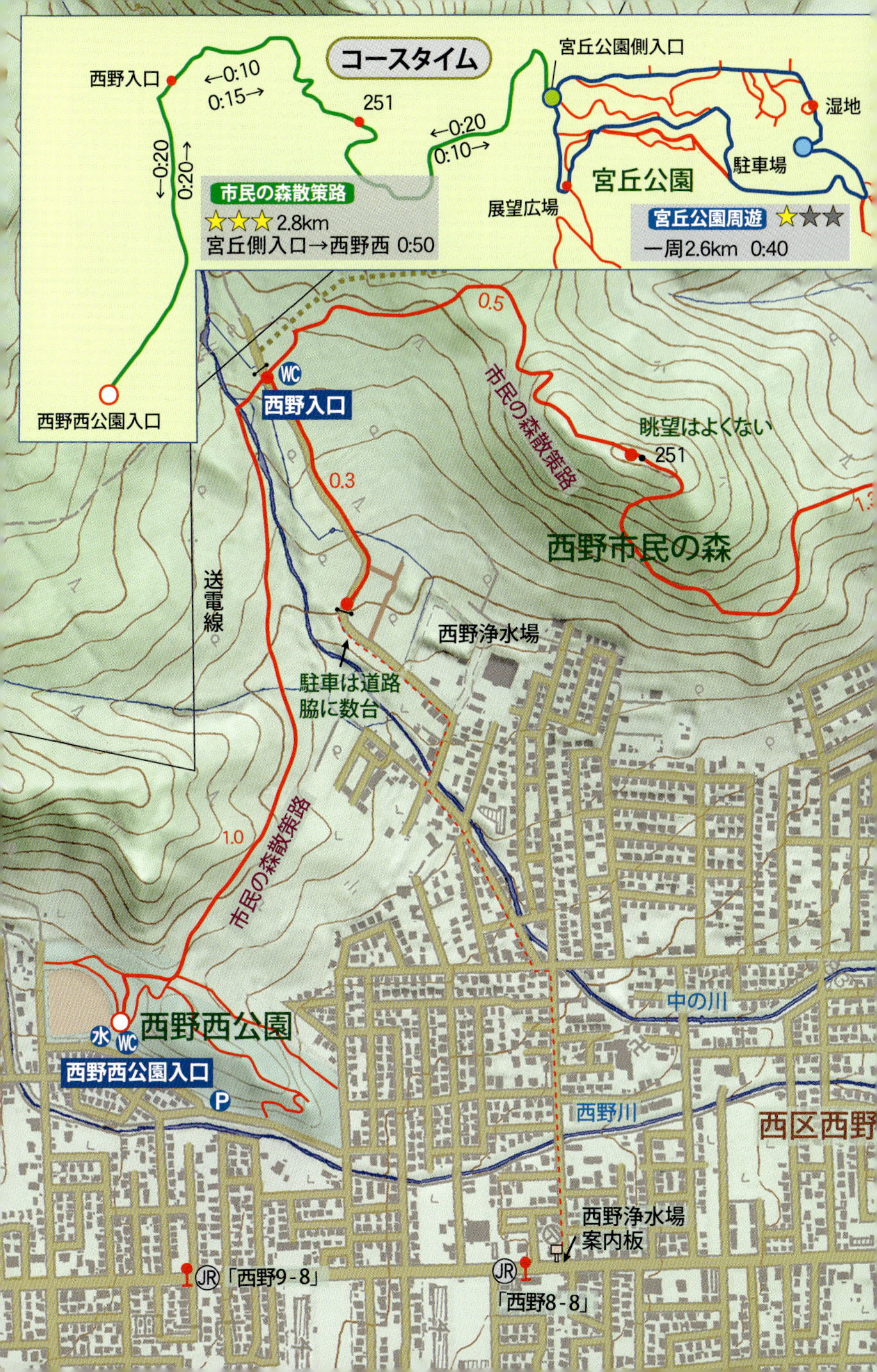

コースタイム
西野入口
←0:10
0:15→
251
←0:20
0:10→
宮丘公園側入口
湿地
駐車場
宮丘公園
展望広場
←0:20
0:20→
市民の森散策路
2.8km
宮丘側入口→西野西 0:50
宮丘公園周遊
一周2.6km 0:40
西野西公園入口
0.5
WC
西野入口
市民の森散策路
眺望はよくない
251
0.3
西野市民の森
送電線
西野浄水場
駐車は道路脇に数台
1.0
市民の森散策路
中の川
水
WC
西野西公園
西野西公園入口
P
西野川
西区西野
西野浄水場案内板
JR「西野9-8」
JR「西野8-8」

林の中の歩行も気持ちよい

登山口。注意事項に目を通しておこう

タニギキョウ（6/12）

カタクリハムシ (6/15)

エゾアカガネオサムシ (6/12)

ヒグマ出没で入山禁止になることもある

がよいだろう。

たかが２５１メートルのピークだが、かなり登り応えがあり、ちょっとした登山気分だ。ときどき視界が開けて西野地区の街並みが見えるが、ほとんどが樹林の中の登り。せいぜい季節の花を楽しみたい。

たどりついた２５１メートルピークには山名板や広場があるわけでもなく、特段眺めがよいわけでもない。極めて素っ気ない頂上だ。

山頂を過ぎるとぐんぐんと高度が下がる。一本道だが、下部で間違いやすい箇所があり、進路を示す矢印の標識が立っている。下りきるとトイレのある車道終点に出る。そのまま車道を下ると西野浄水場の方角へ向かう。そちらへ進まずに川を渡る歩道を進むと、西野西公園へ向かう。分岐道があるが、標識があるので間違うことは

251 mピーク付近から見た西野の市街地

西野入口。右はトイレ

ない。

西野西公園到着で終わりだが、車で来た場合は2・8キロの車道を歩いて宮丘公園の駐車場に戻ることになり、総歩行距離は6・7キロになる。途中から宮丘公園に入ることもできるので、静けさが好みの人はそちら経由で歩くとよい。

エンレイソウの果実の色

エンレイソウは、花のように見えるガク片の色も、子房の色もさまざまだ。子房は成長して果実になっても色は変わらないので、果実を見ると、開花期の子房の色が分かる。果実の色によってアオミノエンレイソウ、クロミノエンレイソウ、アカミノエンレイソウとも呼ばれる。

星置緑地《ほしおきりょくち》（札幌市手稲区）

手稲の自然を象徴

手稲の各地にあった湿地はほとんど宅地になってしまった。ここでは区と住民が湿原の植物を守り育て、季節ごとの花を楽しんでいる。

色鮮やかなエゾノリュウキンカ (4/24)

星置駅から星置緑地★★★

緑地まで0.4キロ　0・07

1980年ごろまで現在の星置駅一帯は広大な荒れ地で、あちこちでミズバショウの大群落が見られたものだ。市街地化した現在ではその面影がなく、かろうじて保護された星置緑地が残る。ここは昔の手稲の自然の姿を思い起こさせてくれる貴重な場所だ。

星置駅を出て左へ進むと鉄道線路沿いの歩行者専用道に入ることができる。鉄道との間は防雪林で、道路脇にはニリンソウ、キクザキイチゲ、コジマエンレイソウ、エンレイソウ、バイケイソウなどが

星置緑地を鉄道側から見る

■交通
ＪＲ函館線、星置駅から徒歩 400 m。
■マイカー情報
公共の駐車場はない。
■緑地の管理
札幌市手稲区土木センター
☎ 011・681・4011

キクザキイチゲ紫花 (4/24)

キクザキイチゲ白花 (4/24)

咲く。
　駅から４００《メートル》ほどで星置緑地に到着である。緑地は１００《メートル》四方ほどの狭い範囲だが、昔からあった湿地を保全したものだ。この緑地も区役所と近隣住民の努力で水の補給とササ刈りが行われ、植生が維持されている。
　この緑地が最もにぎわうのは４月末のミズバショウとエゾノリュウキンカの時期だ。ほかにもコジマエンレイソウ、キクザキイチゲの紫花など、花好きなら喜ぶ種類も多い。近年定着しているマガモの家族も人気だ。
　春以外は訪れる人が少なくひっそりとしているが、オオウバユリ、タチギボウシ、クサレダマ、キツリフネなど地味な花が咲く。植物好きは時期を少しずつずらしながら訪れたいものだ。

東側は湿地を維持するための給水装置があるせいかミズバショウが主体 (4/20)

タチギボウシ (7/15)

ズミ（コリンゴ）(5/22)

バイケイソウ (5/22)

赤紫の花弁のコジマエンレイソウ (4/24)

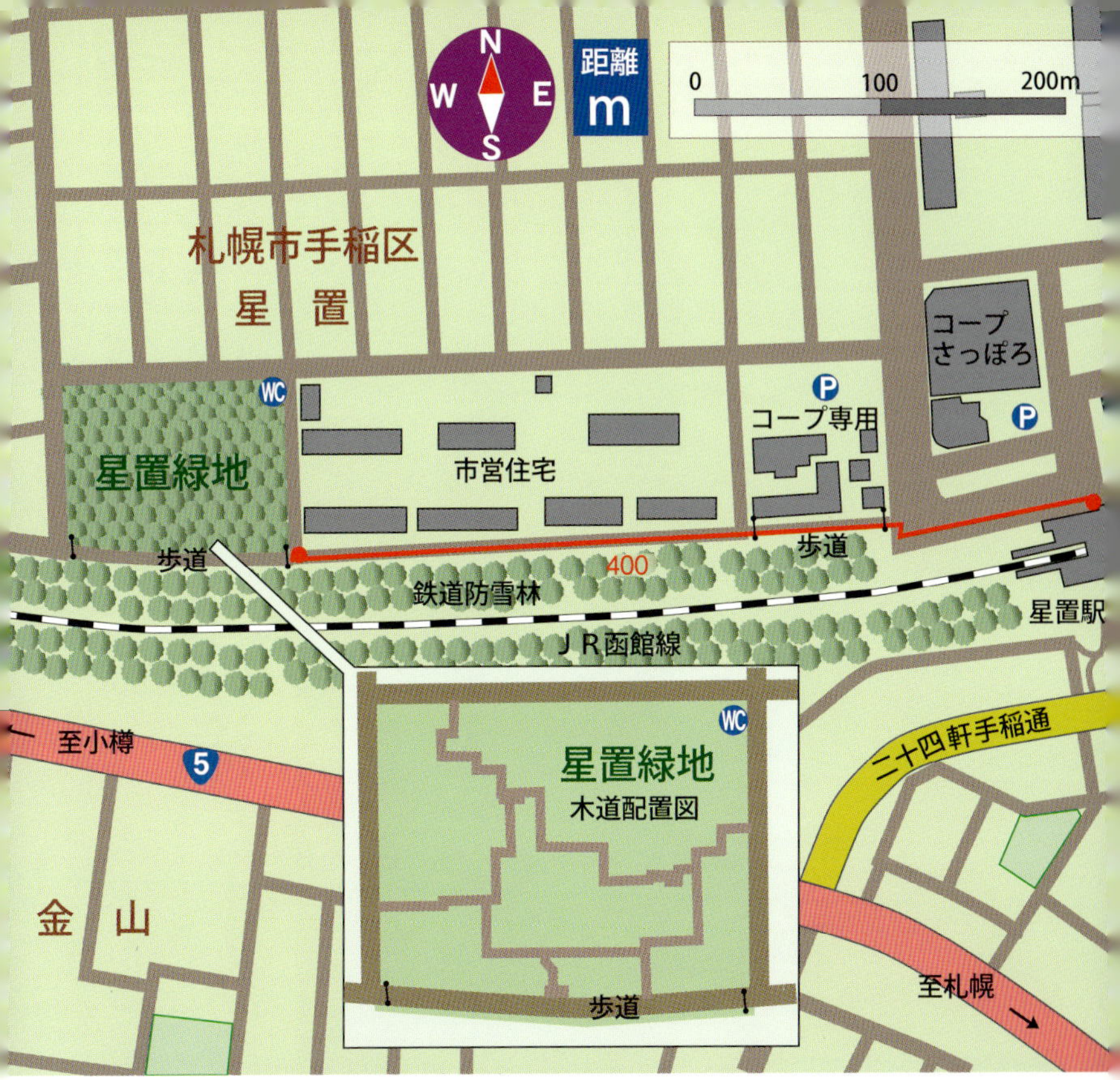

オオウバユリ (7/15)

コウライテンナンショウ (5/22)

豪快に落下する星置ノ滝

星置《ほしおき》ノ滝《たき》と乙女《おとめ》ノ滝《たき》（札幌市手稲区）

豪快、優美二つの滝

星置川を豪快に流れ落ちる星置ノ滝からスタートし、その上流の乙女ノ滝まで、川沿いの自然歩道を歩いてみよう。

星置ノ滝と乙女ノ滝周遊★★★

行き2.3キロ　1・00　帰り1.9キロ　0・35

路線バスが走る市道から標識に導かれて星置川に向かう石段を下りる。対岸には宗教施設があり、橋は通行禁止となっている。橋を渡らず、そのまま川沿いに進むと小高い地点に出る。1人か2人しか立てない狭さだが、滝は正面によく見える。滝の高さは15メートルほどだが、水量の多い春は豪快だ。夏は水量がぐんと減って情けない姿になるが、それは仕方がない。

　星置ノ滝を楽しんだら市道に戻り、山方向へ歩く。病院、老人ホームなどを過ぎ、乙女ノ滝の標

星置川への下り口

この道を上がりきると星置ノ滝が見える

■交通

ＪＲ札幌駅からＪＲバス手稲鉱山行き、星置の滝下車。星置駅から徒歩1.2km。

■マイカー情報

星置ノ滝近くに駐車場はない。300m離れるが、手稲西中の山側に駐車可能な広い場所がある。乙女ノ滝へ向かう自然歩道の入口には駐車スペースがある。

■自然歩道の管理

札幌市みどりの管理課
☎011・211・2522

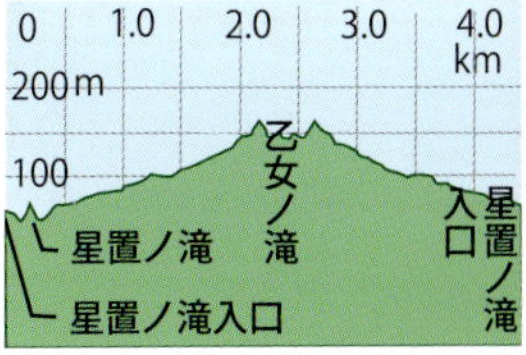

識から右手の未舗装道に入る。夜間（17時～翌6時）は鎖が張られるので、車使用者は時間帯に要注意だ。自然歩道入口の道路脇に車を置くことができる。

自然歩道は砂防ダムをかわして進む細道で、やがて採石場跡から続く広い車道に出る。

広い土場の先にゲートがあるが、自然歩道利用者はそのまま通行しても構わない。その300㍍先に乙女ノ滝へ向かう分岐がある。分岐から下りるとコンクリート基礎が残る鉱山住宅跡を通り、乙女ノ滝へ向かう。

乙女ノ滝は高さ5㍍ほどで、かわいらしい滝だ。昔は地元の小学校の遠足でここに来ては滝の頭から尻滑りを楽しんでいたが、今はどうだろうか。

林道をさらに進むと手稲山の山

土場（どば）：土木作業用の広場

自然歩道入口。数台の駐車が可能

市道から右の未舗装道に入る。標識あり

左下に乙女ノ滝への標識が見える

写真左手から車道に出る。奥は採石場跡

乙女ノ滝分岐からさらに上がると、車道を離れて手稲山山頂へ向かう

頂へ向かう。こちらはかなりの長丁場の本格登山なので、食料、衣類、十分な時間をしっかり用意して臨みたい。

至小樽
JR函館
至札幌
星置神社
手稲区
金山
小樽市
星置川
札樽自動車道
「星置の滝」
駐車場はない
0.2
金山
星置ノ滝
手稲西中
手稲西小
イムス札幌病院
1.0
駐車可
採石場
「手稲鉱山」
星置ハイツ
老人ホーム
神愛園
6:00～17:00
開放
宮町浄水場
自然歩道
金山入口
244
砂防ダム
採石場跡
広い土場
0.7
滝ノ沢
154
0.2
乙女ノ滝
自然歩道
至手稲山
0 100 200 300 400 500 600m
N
W
E
S
コースタイム
星置ノ滝入口
星置ノ滝
0:20
0:10
金山入口
0:15
0:15
0:05
乙女ノ滝
星置ノ滝と
乙女ノ滝周遊
行き 2.3km 1:00
帰り 1.9km 0:35

水量の多い５月の乙女ノ滝

ミヤマザクラ (5/28)

ツボスミレ (5/28)

ホザキナナカマド (8/10)

手稲鉱山住宅跡

乙女ノ滝入口にある鉱山住宅跡の石垣

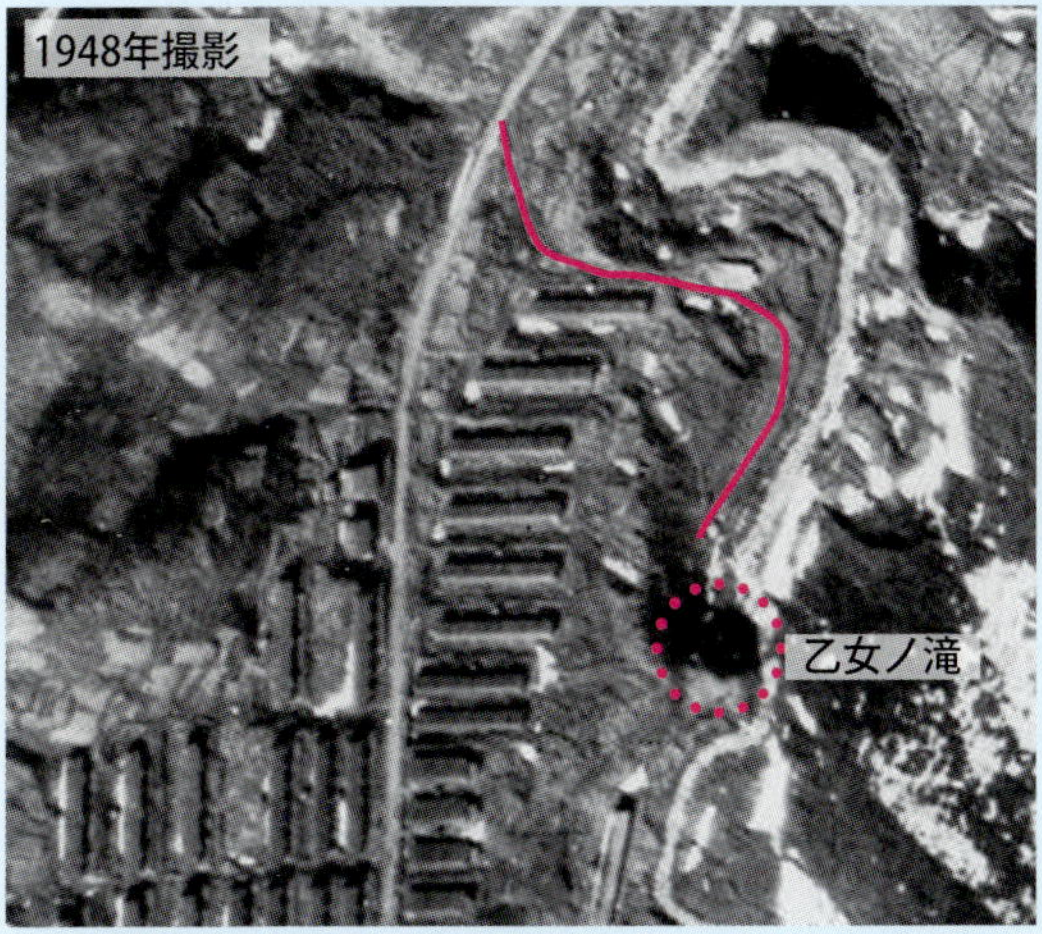

古い写真に写った乙女ノ滝付近の鉱山住宅

金銀銅などを産出した手稲鉱山は、明治中ごろに砂金が取れたことで注目を浴び、戦時中の 1941 年 (昭和 16 年) ころにピークを迎え、1971 年に完全閉山した。最盛期には映画館もあるひとつの街を形成し、国道付近から手稲山中腹まで 1 万人以上の人が住んだ。

閉山とともに各種施設が取り壊され、石垣やコンクリート基礎だけが残っている。上の写真を見れば、乙女ノ滝近くにもかなり多くの住宅があったことが分かる。

エゾトリカブト (9/20)

山頂から西に見える山々

手稲山《ていねやま》（札幌市手稲区）

手軽に登れる千メートル峰

標高は1000メートルを超え、眺めもよい。ハイキングとしては旧ゴンドラ駅からが楽だ。季節の花も楽しめる。

旧ゴンドラ駅からスキー場を登り、テレビ山道を下りる☆☆☆

上り2.1キロ 2・00 下り4.1キロ 1・30

テレビ山道からも歩けるが、旧ゴンドラ駅から歩き始めるのが一般的だ。登山口に標識はないが、草原状のスキーコースに細い道が延びているので分かると思う。林道からも入れるし、少し先の開けたスキーコースからも入ることができる。

スキーコースを500メートルほど進むとテレビ山道と交差する。傾斜が緩やかで歩きやすいテレビ山道を進んでもよいし、急だが登山気分が味わえるスキーコースを進ん

旧ゴンドラ駅から
スタート

■交通
路線バスはない。
■マイカー情報
旧ゴンドラ駅前に広い駐車場がある。
■管理
石狩森林管理署
☎011・622・5111

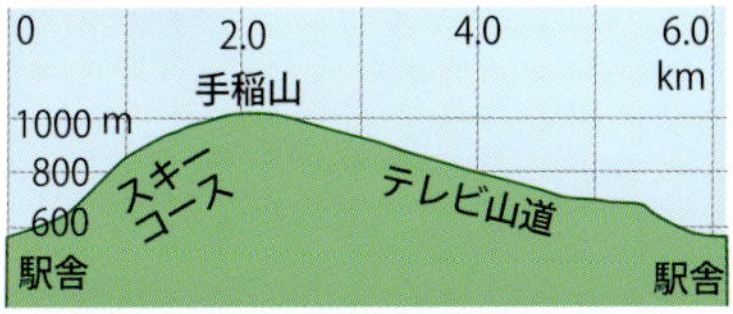

スキーコースを登っていく

でもよい。スキーコースには季節によりシラネアオイやヤナギランの群落が見られ、壮観だ。コースの左側に脇道もあるので、植物目的の人はそちらもよい選択肢だ。

高度が上がるにつれて見晴らしがよくなる。広がる石狩平野と日本海、その彼方に増毛山地の山が並ぶ。

テレビ山道は歩きは単調だが、花もそれなりに見られる。標高７７０メートルで左に分かれる道があり、15分ほどたどるとネオパラ山（第2手稲山ともいう）に行ける。残念ながら真のネオパラ山頂までの道はなく、すぐ手前のスキーコース施設前で終わりだ。

手稲山山頂近くになると電波塔が林立し、両コースが合流する。その５００メートル先が頂上だ。手稲神社の奥宮があり、登山者が休む広場がある。

至西区平和
自然歩道
サミットエクスプレス山頂駅
1203.1
手稲山
サミットエクスプレス（夏季休業）
手稲山ロープウェイ（廃止）
ールハウス
岐見落とし注意
ゴンドラ駅
一般車両通行止
自然歩道入口
自然歩道
パラダイスヒュッテ
自然歩道
至手稲本町
至手稲金山
.6
1.0
0.5
0.9
コースタイム
サミットエクスプレス山頂駅
←1:00
1:30→
テレビ山道
←0:50
1:20→
スキー場
←0:15
0:20→
手稲山
←0:15
0:20→
旧ゴンドラ駅
スキー場コース登山（山道下山）★★★
上り2.1km2:00 下り4.1km1:30

0
100
200
300
400
500
600m
S
W
N
E
女子オリンピック大回転コース
0.7
770
(680)
テレビ山道
0.7
ネオパラ山
838
男女オリンピック回転コース
(570)
スキーセンター
サッポロテイネ

⑦ヒクタ峰

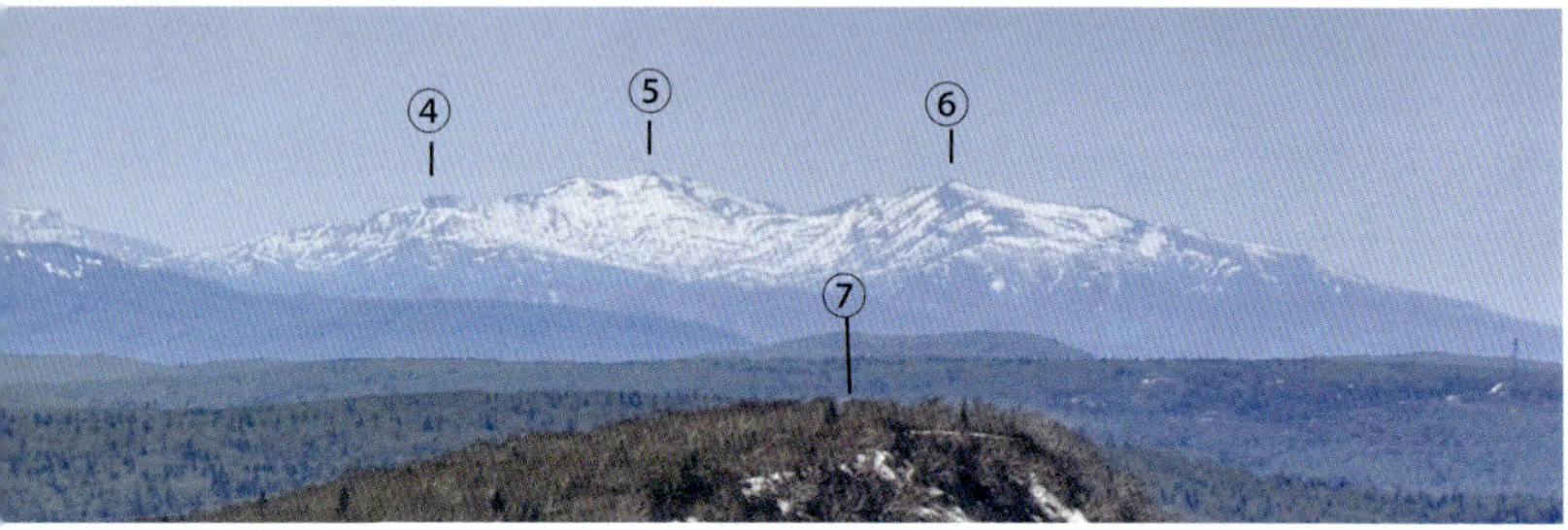

⑤余別岳 ⑥積丹岳 ⑦奥手稲山

シラネアオイがスキーコースのあちこちに大群落をつくっている (5/31)

スキーコース上部。電波塔群が見えてきた

手稲山から西方向 ①喜茂別岳 ②並河岳 ③無意根山 ④定山渓天狗岳 ⑤羊蹄山 ⑥美比内山

手稲山から積丹方面 ①珊内岳 (998m) ②屏風山 ③珊内岳 (1091m) ④ポンネアンチシ山

消えていく冬季オリンピック施設

1972年に札幌オリンピックが開催された。その施設は研修施設などに利用された後取り壊されて、少しずつ姿を消している。登山コース脇のこの建物は女子大回転のゴールハウス。いつまで登山者を見守ってくれるだろうか。

大沢ノ池へ向かう途中で

開拓使官林が始まり

野幌森林公園《のっぽろしんりんこうえん》（札幌市厚別区・江別市・北広島市）

札幌の市街地に隣接する広大な自然。一見、変化のない平たんな森だが、植生は変化に富み、四季折々の姿を見せる。

大沢口

公園の北部を歩くためのメインとなる入口である。入口付近にカツラの巨木群もあり、自然豊かな地域である。

公園全体のことを知るには自然ふれあい交流館（ビジターセンター）を訪ねるとよい。その時々の自然情報が展示されて、具体的な情報が得られるし、公園全体の地図も入手できる。

大沢ノ池周遊コース★★★

一周6.0キロ　2・00

大沢口からは、桂コース、四季美コース、志文別線を組み合わせ、6キロほどの手頃な距離を楽しむの

大沢口。巨木が多いのが魅力だ

自然ふれあい交流館

大沢ノ池

大沢口

■交通

ＪＲ新札幌駅からＪＲバス文教台南町下車。公園まで徒歩 500 m。

■マイカー情報

公園に無料駐車場がある。冬期間も使用可（トイレも）。

■公園の管理

北海道博物館

☎ 011・898・0456

林木育種センター口

■交通

ＪＲ新札幌駅から夕鉄バス・ＪＲバスで若葉町西下車。徒歩 500 m。

■マイカー情報

事務所用駐車場ではなく、江別市管理の旧庁舎用駐車場が利用できる。

が一般的と思う。大沢園地から大沢ノ池へ向かう途中にはミズバショウの群落があり、4月末から5月初めは見ものである。その先に広がる大沢ノ池は農業用水のために造られた人造池だ。ほかにも五つの人造池がある。

短くしたければ途中で大沢コースに切り替えるとよい。

林木育種センター口

大沢園地に合流する道が、林木育種センター北海道育種場の敷地の奥から延びている。

育種場の入口には、森林公園へ行ける旨を書いた案内板がないので敷地に足を踏み入れにくい。育種場の旧庁舎は文化庁登録の文化財で江別市が管理しているが、風格のある建物だ。土日祝日にトイレなどを開放している。平日は育種センターの事務所のトイレを使

72-73
76-77
80-81
白樺通
128
葉町西」
道央自動車道
野幌
野幌 PA
育種センター口
育種センター
道育種場
至江別東IC
駐車可
旧庁舎
事務所
業務用P
森林公園へ
なし
迷
0.8
標識なし
北海道情報大学
桜沢ノ池
園入口
江別市森林
キャンプ場
「野幌運動公園」
野幌総合運動公園
「公園通」
大沢ノ池
沢園地
大沢コース
0.9
西野幌
46
「瑞雲寺前」
江別市
江別恵庭線
大沢川
四季美コース
1.9
志文別線
野幌森林公園
25
「上学田」
0.8
松川ノ池
至北広島
志文別線
1.1
志文別線
65
荻野ノ池

0
200
400
600
800
1000m
N
W
E
S
至江別西IC
材木育種センター口
大沢ノ池周遊コース
大沢口から
一周6.0km 2:00
コースタイム
0:20
0:40
0:20
0:40
0:20
0:20
0:20
大沢口
大麻
12
大麻駅
酪農学園大学
文京台
626
二番通
55
江別市
道立図書館
JR函館線
札幌学院大学
北翔大学
文京通
1.7
桂コース
大沢コース
1.5
JR
「文教台南町」
文京台小
道立埋蔵文化財センター
0.8
0.2
大沢口
P
WC
水
エゾユズリハコース
0.9
0.5
0.3
WC
1.2
中央線
札幌啓成高
0.1
百年記念塔
自然ふれあい交流館
札幌市
「野幌森林公園」

林木育種場内は右へ右へと進む

林木育種場旧庁舎。左側に駐車場

林木育種場の実験林にはみごとなエゾエンゴサク群落が広がっていた (4/28)

わせてくれる。

研究棟の横から延びる車道を800メートル歩くと公園敷地に達し、注意事項を書いた看板がある。さらに400メートル進むと大沢園地である。大沢ノ池へ行くには最短のコースだ。

記念塔口

公園の公式地図ではひとまとめに記念塔口となっているが、ハイキングの入口としてなら、記念塔口のほかに北海道博物館、北海道開拓の村がある。公園のシンボル的ゾーンで、主要施設が集中しているため、幅の広い道や芝生広場などの開けた人工的環境の場所が多い。

記念塔・瑞穂ノ池周遊コース

★★★　一周4.4キロ　1・30

公園の表玄関である記念塔口から百年記念塔、北海道博物館、開拓の村を経て瑞穂ノ池を巡るコースを設定してみた。歩行自体は1時間30分だが、施設を見学すると1日コースだ。開拓の村スタートの場合は、開拓の村の出入口になっている旧札幌停車場の左脇からコースが始まっている。瑞穂ノ池、瑞穂連絡線とつなぐ区間は自然が豊かだ。

開拓の村のフェンスに沿って瑞穂ノ池へ進む

旧札幌停車場の左に遊歩道の入口がある

北海道開拓期をしのぶ施設

北海道開拓の村・開拓使札幌本庁舎

北海道博物館

2015年に内容を拡充し、名称を開拓記念館から北海道博物館に改めた。北海道の開拓期以降の様子や自然を見せてくれる（有料）。

北海道開拓の村

明治、大正期に建てられた建築物を移築し、保存しながら昔の街並みを再現（有料）。

北海道百年記念塔

開道100年を記念して100 mの高さに建てられた。築50年を経過して老朽化し、現在は内部に入ることはできない。取り壊される予定である。

記念塔口

■交通

ＪＲ新札幌駅からＪＲバス開拓の村行きに乗り、野幌森林公園下車。ＪＲ森林公園駅から徒歩 1.2km。

■マイカー情報

駐車場がある。2012年にすべての駐車場を無料化した。9時～17時。11月～3月は閉鎖し、若干の駐車スペースを設置。

松川ノ池
志文別線
荻野ノ池
モミジコース
イチイの老木
江別市
72-73
76-77
80-81
江別恵庭線
46
カラマツコース
原ノ池
野幌小
JR
「登満別」
至北広島
エゾマツコース
森林の家
ログハウス
登満別園地
登満別口
基線
登満別線
登満別川
江別市
水道局
大麻高区
配水池
76.5
野幌森林公園
中央線
至トド山口
至トド山口
コースタイム
0:30
0:10
0:25
0:25
0:20
0:15
登満別口
モミジコース周遊
登満別口から一周
6.1km 2:05

道立埋蔵文化財センター
文京通
大沢口
エゾユズリハコース
札幌啓成高
百年記念塔
自然ふれあい交流館
「野幌森林公園」
記念塔口
瑞穂連絡線
中央線
北海道博物館
「北海道博物館」
野幌森林公園
瑞穂連絡線
砂防ダム
きびたき橋
「北海道開拓の村」
札幌市
北海道開拓の村
ダム
瑞穂ノ池
コースタイム
記念塔口
記念塔
博物館
開拓の村
瑞穂ノ池
大沢
0:10
0:15
0:20
0:20
0:15
記念塔・瑞穂ノ池周遊
記念塔口から一周
4.4km 1:30
瑞穂線
瑞穂口
「もみじ台北２丁目」
北星学園大附属高校
道有林
基線
「テクノパーク入口」
「テクノパーク」
下野幌線
0 200 400 600 800 1000m
N S W E

ダム下の湿地にミズバショウ群落 (4/24)

瑞穂口の広い駐車場。向かいは道有林

原ノ池へは樹木の展示物がある森林の家の右脇から入る

ダムの上は芝生広場

瑞穂口

瑞穂ノ池が主な行き先となる。幹線道路をたどれば800メートルで瑞穂ノ池に着くが、植物探索などをしたいなら、細い脇道が何本かあるので、そちらを巡るとよい。

瑞穂ノ池は農業用の人工池で、1928年（昭和3年）に造られた。ダムの上は芝生広場で、大きな池を見ながら休憩できる。開拓の村や、北へ延びる道から各方面へ行ける。

瑞穂口の向かいは道有林の入口である。こちらにも遊歩道が延びていて、森林公園と一体のものとして利用できる。

登満別口

モミジコース周遊★★★

一周6.1キロ　2・05

江別側の中心的基地だ。

原ノ池を通るカラマツコースと

瑞穂口

■交通

地下鉄新さっぽろ駅から中央バスもみじ台団地線でもみじ台北２丁目下車。ＪＲ新さっぽろ駅からＪＲバス、テクノパーク線もみじ台北２丁目下車。瑞穂入口まで 1.3km。

■マイカー情報

駐車場がある。

登満別口

■交通

北広島駅発ＪＲバス共栄線で登満別下車。登満別口まで徒歩 1.5km。

■マイカー情報

駐車場がある。

トド山口

■交通

札幌駅発ＪＲバス北広島線、同大谷地発南幌線で椴（とど）山下車。徒歩 2.2km。

新札幌駅発ＪＲバスで立命館慶祥高校下車。

■マイカー情報

駐車場がある。

トド山口の駐車場

静かな原ノ池

モミジコースを組み合わせて約6キロを一回りするのがよいだろう。

さらに長いコースを歩きたいなら大沢口まで回ると9キロのコースになる。

トド山口

野幌森林公園の南端にあり、最もマイナーな入口だ。駐車場とトイレ以外は一切なく、手軽に回れるコースもない。登満別口まで4・1キロ、瑞穂口まで3・6キロと、どこへ行くにも遠い。

しかしこの不便さこそ魅力だ。何度も野幌森林公園を訪れている人でも、ここから歩く機会は少ないはず。バスで来て大沢口か記念塔口へ抜けるもよいし、ぐるりと長い距離を一回りして戻るのもよい。普段とは違う道を歩く喜びをかみしめられる貴重な存在だ。

野幌森林公園
登満別線
3.8
72-73
76-77
80-81
中央線
東7号線
江別市
北広島市
野幌森林公園
学校への案内標識あり
0.9
西の里
学校への案内標識あり
0
200
400
600
800
1000m
N
W
E
S
JR
椴山」

「テクノパーク入口」
「テクノパーク」
0.5
0.4
75
1.8
下野幌線
札幌市
厚別区
75
もみじ台
西４号線
トド山
「立命館慶祥高校」
立命館慶祥高校
50
野幌森林公園
北広島市
西の里
274
西の里中
70
ＪＲ千歳線

水源池と取水塔

西岡水源池《にしおかすいげんち》（西岡公園《にしおかこうえん》）（札幌市豊平区）

軍隊の水源池だった

月寒連隊の飲用水源として造られた池。現在は公園となり、遊歩道が巡らされ、白旗山への自然歩道もつながっている。

西岡公園一周★★★

一周3.0キロ　1・10

自然が多い場所を優先して設定コースにとり入れたが、明るい湖畔歩きが好みなら変えるとよいだろう。西岡公園の少し奥に入るとヒグマが出没する。公園から自然歩道に切り替わる地点には一人歩きは避けるよう注意書きがあるのも納得である。

木道や標識はかなり朽ちており、一部木道が撤去された部分もあるが、全体的にはよく管理されている。最も魅力ある場所は湿地帯で、植物や昆虫が豊富だ。隣接する西岡青少年キャンプ場に入る

池の水は滝となって月寒川に注ぐ

■交通
地下鉄澄川駅発中央バス西岡環状線で西岡水源池下車。徒歩 100 m。
■マイカー情報
駐車場がある。
■西岡公園の管理
西岡公園管理事務所
☎ 011・582・0050

かなり広い西岡公園の駐車場

不動明王像

ゲートはいつも閉鎖されている。キャンプ場の行事で園内に入るときに使われるのだろう。
公園の最奥に白旗山へ続く自然歩道の西岡入口がある。ここには駐車場がなく、路肩にも駐車できない。自然歩道が目的の場合は、公園の駐車場か、さらに先のゴルフ場近くの空き地に駐車することになる。

湿地は木道が巡らされている

車道から「西岡入口」は存在が分からない

シロスジキンウワバ (8/18)

ツルニンジン (8/18)

アカバナ (8/18)

木道見晴台

札幌市
豊平区
西　岡
「西岡水源池」
公園正面入口
管理事務所
駐車場口
芝生広場
八ツ橋
堰
不動明王
取水塔
展望テラス
西岡公園
西岡水源池
西岡霊廟
森林総合研究所
羊ケ丘実験林
自由広場
木道見晴台
湿地帯
木道撤去
西岡青少年
キャンプ場
月寒川
自然歩道
西岡入口
標識なし
至白旗山
距離
m
コースタイム
駐車場口
0:20
0:30
木道見晴台
0:20
西岡入口
公園一周
一周3.0km
1:10
0
100
200
300
400m

西岡レクの森の林道を歩く。隣は自衛隊演習地だ

西岡《にしおか》レクの森《もり》と西岡焼山《にしおかやけやま》（札幌市豊平区）

自然歩道の脇道歩き

自衛隊演習地に隣接した西岡レクの森と、一帯の最高峰の焼山登り。ともに白旗山自然歩道のサブコースだ。立ち寄ってみよう。

西岡公園の南端が自然歩道の西岡入口で、さらにその８００メートル先にある西岡レクの森の入口が焼山への入口にもなる。

西岡レクの森★★★

一周4.5キロ　1・45

月寒川左岸口から入ってみよう。しばらくは月寒川沿いの湿地で木道が続く。やがて山の斜面を登り始め、歩き始めから７００メートルで林道に出る。ここが林道北分岐だ。

自衛隊の演習地に隣接しているため、立ち入り禁止の看板が目につく。尾根の起伏をかわしながら延びる広い林道を１・８キロ歩くと

左岸：川の上流から下流を見て左側

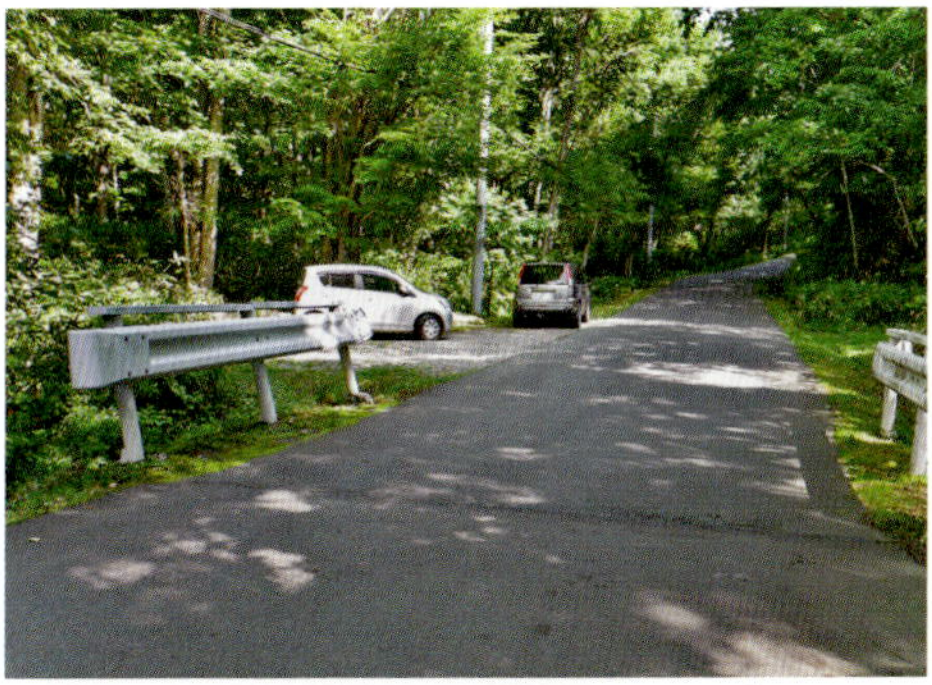

西岡レクの森の右岸口には駐車スペースがある

■交通
地下鉄澄川駅発中央バス西岡環状線で西岡水源池下車。西岡入口まで徒歩 1.2km。
■マイカー情報
西岡レクの森月寒川右岸口に駐車スペースがある。
■西岡レクの森と自然歩道の管理
札幌市みどりの管理課
☎ 011・211・2522

左岸口。簡素な看板から木道が続く

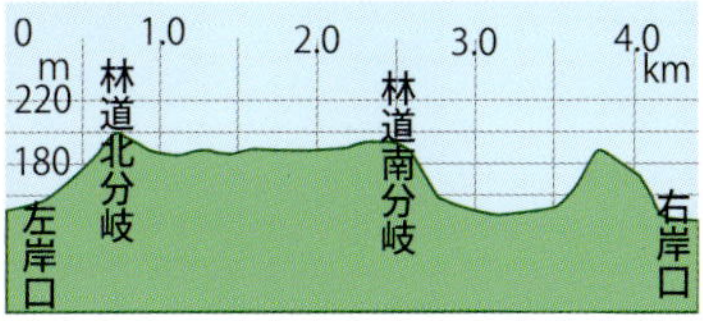

西岡レクの森

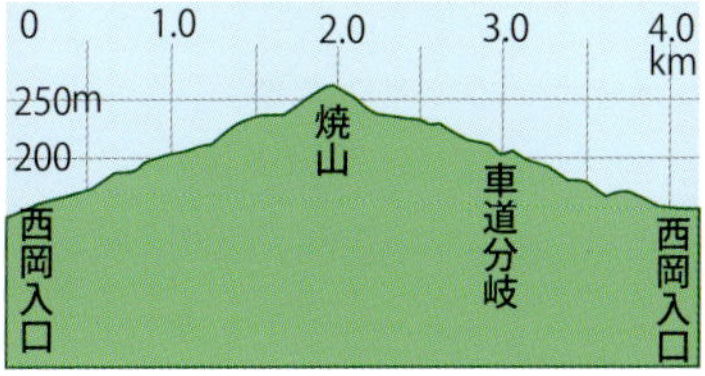

焼山

林道南分岐の標識が現れ、林道と別れて細い歩道を下り始める。月寒川の源流に沿って道は下り、やがて月寒川右岸口に着く。

　特によい眺めがあるわけでもなく、単調な林道歩きだが、人里を離れているために奥深さを実感するコースである。

　取材時に、すぐ近くでガサガサという音とともにドドドという大型動物が走る音が聞こえて驚いた。ヒグマかどうかは分からないが、遭遇する可能性はあるので、鈴を携帯し、一人歩きはしないよう注意したい。

西岡焼山★★★

上り1.9キロ　1・00　下り2.3キロ　0・45

地形図上では焼山だが、南区にも同名の山があるので、西岡焼山と呼ばれる。白旗山へ向かう自然歩道の途中にある焼山への標識に

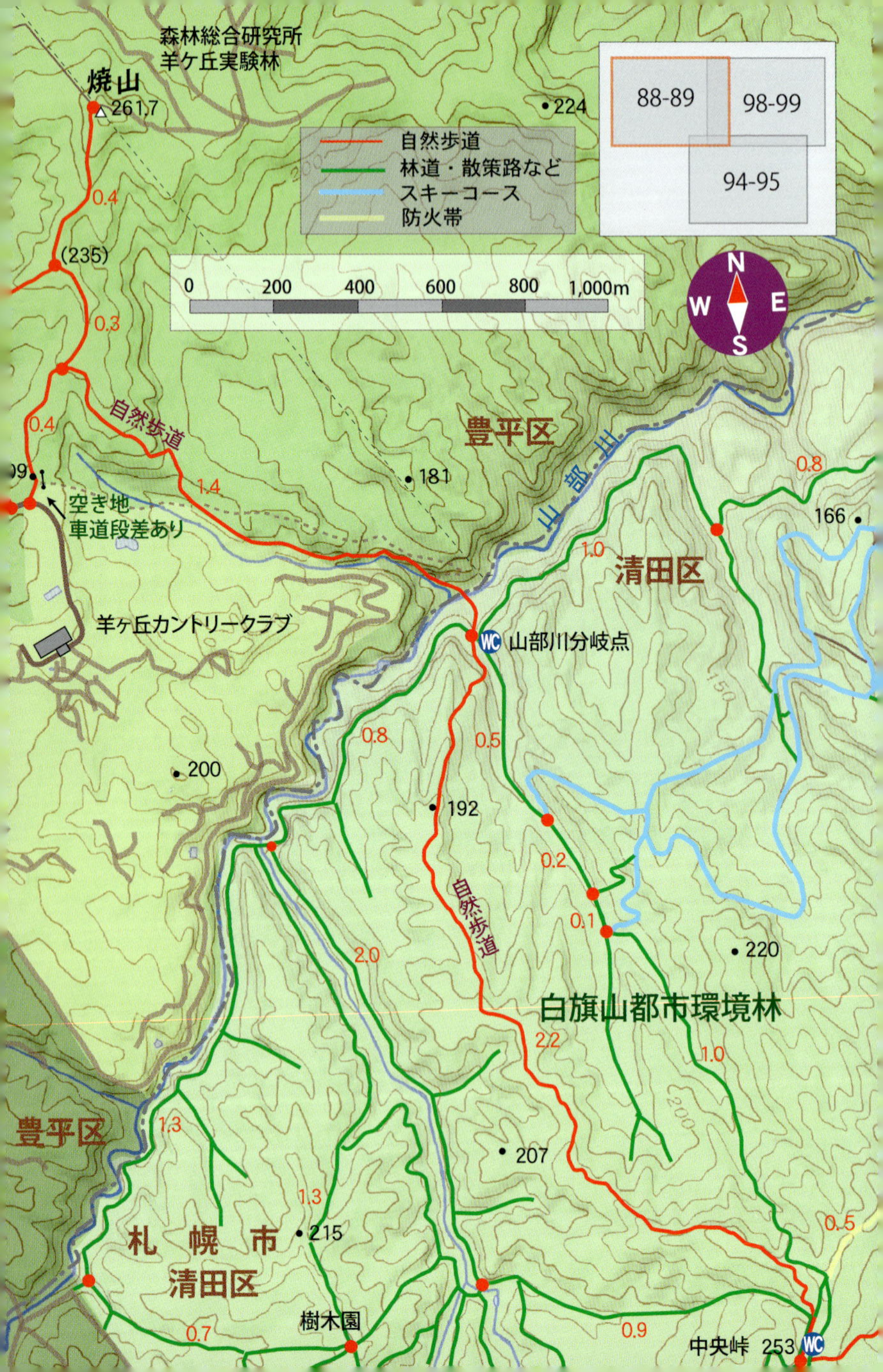

森林総合研究所
羊ヶ丘実験林
焼山
261.7
224
88-89
98-99
94-95
自然歩道
林道・散策路など
スキーコース
防火帯
0.4
(235)
0
200
400
600
800
1,000m
N
W
E
S
0.3
自然歩道
0.4
豊平区
山部川
181
0.8
1.4
空き地
車道段差あり
166
1.0
清田区
羊ヶ丘カントリークラブ
山部川分岐点
0.8
0.5
200
192
0.2
0.1
220
2.0
自然歩道
白旗山都市環境林
2.2
1.0
豊平区
1.3
207
1.3
札 幌 市
清田区
215
0.5
0.7
樹木園
0.9
中央峠 253

西岡公園
西岡入口
標識なし
自然歩道入口
札幌市
豊平区
0.7
月寒川
自然歩道
陸上自衛隊真駒内射撃場
219
月寒川分岐
0.1
0.4
標識なし
月寒川左岸口
月寒川右岸口
P
自然歩道
林道北分岐
0.7
2.0
西岡レクの森
1.8
224
林道南分岐
陸上自衛隊北海道大演習場西岡地区
南区
豊平区
札幌ガーデンヒルズ
しらかばゴルフコース
コースタイム
焼山（月寒川左岸口から）
上り1.9km 1:00
下り2.3km 0:45
焼山
←0:10
0:20→
←0:05
0:10→
←0:20
0:30→
←0:10
0:10→
←0:15
0:15→
←0:05
0:10→
月寒川左岸口
羊ヶ丘カントリークラブ
コースタイム
月寒川右岸口
月寒川左岸口
←0:20
0:10→
林道北分岐
←0:35
0:35→
←1:00
0:50→
西岡レクの森
一周4.5km 1:45
林道南分岐

レクの森。林道南分岐

レクの森。対岸の山が見える場所がある

焼山への分岐標識

レクの森。立ち入り禁止の看板が多い

導かれて脇道に入る。標識が適度に設置されているので迷う心配はない。標高235メートルの尾根の頭で右手から別の道が合流する。帰りはこちらに下りてみよう。

尾根の坂道をさらに400メートル歩くと焼山の頂上で、木に取り付けられた小さな標識が山頂を示している。残念ながら山頂は樹木に覆われており、眺めはない。

頂上の奥に続く細い道はすぐに広い林道に変わる。山頂を境に森林総合研究所の実験林が広がっており、林道はその一部だ。

帰路は同じ道を引き返し、途中で出合った別の道を下りてみよう。300メートルで自然歩道に出、右へ400メートルでゴルフ場へ行く車道に出る。車道をそのまま歩くか、自然歩道を歩くかを選択し、出発点に戻る。

焼山の山頂。眺望はない

ツタウルシのかぶれに注意

山地、平地にふつうにあるツル植物。日当たりのよい道の縁に多い。地面をはったり、木にからみつく。紅葉は鮮やかな赤。触るとかぶれるので注意。姿を知っていれば触らずにすむ。成長とともに葉の形が変わり、つやがなくなるが、葉柄が赤いので判断しやすい。

地味な花（6月）

7月の葉

焼山へ向かう道。細いが明瞭だ

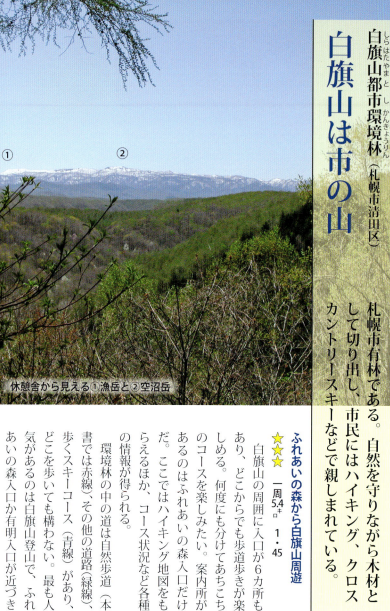

白旗山《しらはたやま》都市《とし》環境林《かんきょうりん》（札幌市清田区）

白旗山は市の山

札幌市有林である。自然を守りながら木材として切り出し、市民にはハイキング、クロスカントリースキーなどで親しまれている。

休憩舎から見える①漁岳と②空沼岳

ふれあいの森から白旗山周遊

☆☆☆ 一周5.4キロ 1・45

白旗山の周囲に入口が6カ所もあり、どこからでも歩道歩きが楽しめる。何度にも分けてあちこちのコースを楽しみたい。案内所があるのはふれあいの森入口だけだ。ここではハイキング地図をもらえるほか、コース状況など各種の情報が得られる。

環境林の中の道は自然歩道（本書では赤線）、その他の道路（緑線）、歩くスキーコース（青線）があり、どこを歩いても構わない。最も人気があるのは白旗山登山で、ふれあいの森入口か有明入口が近づき

ふれあいの森入口。案内所があり、職員が詰めている

歩道は広く、標識も完備している

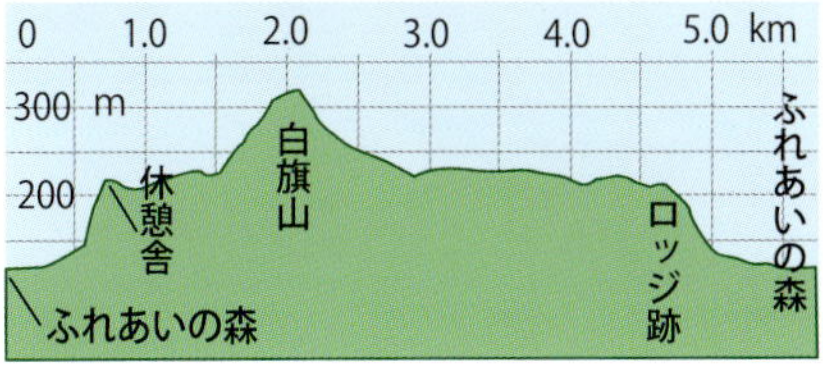

■交通
地下鉄福住駅から中央バス有明線でふれあいの森（同入口）、下三滝橋（下三滝入口）、南有明（有明入口）下車。
真栄入口は同バスでアンデルセン福祉村１丁目下車。徒歩 1.3km。

■マイカー情報
各入口に駐車場がある（9:00~17:00）。ふれあいの森西入口だけ民有地（釣り堀）を通るが、駐車場は向かいの有明ノ滝入口の駐車場を使うこと。釣り堀敷地を通るときにも店の人に一声かけてほしいとのこと。

■管理
札幌市みどりの管理課
☎ 011・211・2522
現地ふれあいセンター
4/29 ～ 11/2 の毎日（2018年の場合）9:00~17:00
☎ 011・883・8931

やすい。ここではふれあいの森から休憩舎（展望やぐら）を経て白旗山に登り、ロッジ跡を回ってふれあいの森に戻るコースを設定してみた。

白旗山の山頂は樹木が茂っているので、眺めは悪い。昔は樹木が低く、春は真っ白な無意根山などが見えて、頂上で過ごすひとときが楽しかった。その後、木が成長し、展望台を造ってしのいでいたが、さらに茂り、あきらめ状態になった。山頂付近の木を切れないかと問い合わせたが、伐採はしないそうだ。防火帯を少し広げられるとよいのだが。

帰路は、ロッジ跡を経て戻るコースとしたが、尾根から沢に下りるので地形や植生に変化がある。もちろん別コースを組み合わせても構わない。

0 200 400 600 800 1,000m
N E S W
自然歩道
林道・散策路など
スキーコース
防火帯
有明連絡線
白旗山南幹線
森林化区間
187
有明入口
「南有明」
341
真駒内御料札幌線
104
厚別川
札幌市
下三滝入口
「下三滝橋」
211
ふれあいセンター
ふれあいの森入口
「ふれあいの森」
ダイナスティ
ゴルフクラブ有明
コースタイム
ふれあいの森から白旗山周遊
一周5.4km 1:45
白旗山
0:15→
←0:10
0:20→
←0:10
0:50→
←0:40
0:15→
←0:15
休憩舎
ロッジ跡
0:20→
←0:15
ふれあいの森入口

至札幌台
札幌市清田区
中央峠
253
白旗山都市環境林
白旗山
321
白旗山南迂回線
白旗山南幹線
240
242
231
241
陸上自衛隊北海道大演習場西岡地区
有明展望線
ススキノ線
ロッジ跡
札幌ふれあいの森
88-89
98-99
94-95
注ふれあいの森西入口から白旗山側に入る人は、釣り堀の駐車場を使わず、向かいの有明ノ滝入口駐車場を利用すること。
ふれあいの森西入口
釣り堀
釣り堀客用駐車場
「三滝の沢」
有明ノ滝入口
有明の滝自然探勝の森
至真駒内
小滝の沢入口（自衛隊入口）
至有明ノ滝

有明入口の広い駐車場

道道から有明入口への進入路標識

眺めがまったくない白旗山山頂

やぐらに組まれた休憩舎は眺めがよい

真栄入口から札幌台・三角点

★★★　一周4.5キロ　1・35

かつての営林事業所であった森林活用センターを500メートルほど通り過ぎると真栄入口の広い駐車場である。

ここからは中央峠から札幌台、三角点をつなぐ尾根道歩きを楽しむことができる。

駐車場から中央峠まではなだらかで広い道を1・5キロ歩く。札幌台、三角点へと続く尾根道は防火帯だが、しっかりした道になっている。草刈りのタイミングによっては多少草深いときがあるかもしれない。

札幌台は札幌方面が見えるために名付けられたという。三角点も月寒台の別名があり、月寒が見渡せたからだという。

三角点から麓の車道まで防火帯

ヒトリシズカとフタリシズカ

名は似ているが、ヒトリは５月初旬に咲き、フタリは６月中旬に咲くので、同時に見ることはない。花の形、葉の形も、比べればまったく違うことが分かるだろう。

ヒトリシズカ

フタリシズカ　花拡大

札幌台は広場になっている

札幌台から三角点へ延びる防火帯

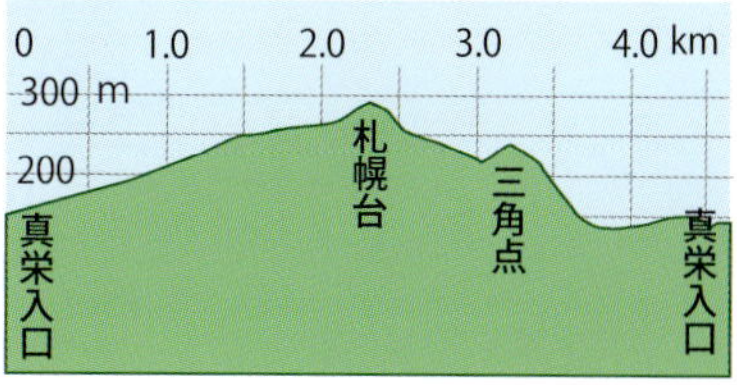

を下りる設定にしたが、草刈りの状態によっては他の林道コースに変えるとよい。

なお、真栄入口一帯に自然観察の森がある。特段に他地域と植生は変わらないので、自然観察に適していないとは感じないが、コースに変化をつけたり、下山コースに活用するとよいだろう。

その他のコース

西岡公園の端の西岡入口から白旗山に向かって自然歩道が延びている。白旗山まで約7キロと遠いが、歩き応えがある。私はこのコースを何度か歩いたが、山頂を踏むことを目的としていないので、一番遠くても中央峠で終わっている。森林歩きや植物巡りが目的なら山頂を目指す必要はなく、適宜コースを変えながら歩くのも楽しいものだ。

中
「白旗山競技場入口」
「北嶺中・高校」看板
さっぽろ香雪病院
真駒内御料札幌線
341
美しが丘
羊ケ丘通
1147
清田区
里塚霊園
札幌芙蓉
カントリークラブ
清田区
コースタイム
真栄入口から札幌台・三角点
★★★ 一周4.5km 1:35
←0:20
0:10→
三角点
←0:20
0:20→
←0:20
0:20→
駐車場
真栄入口
札幌台
←0:15
0:15→
←0:30
0:20→
中央峠
厚別川
0
200
400
600
800
1,000m
自然歩道
林道・散策路など
スキーコース
防火帯
至真駒内
N
E
S
W

88-89
98-99
94-95
豊平区
山部川
札幌市
清田区
北嶺中·高校
「アンデルセン
福祉村１丁目」
ノビロ青年の家
札幌すぎな園
白旗山森林
活用センター
（夏季閉館）
広い駐車場
真栄入口
白旗山競技場
自然観察の森
白旗山都市環境林
三角点
239.4
166
220
138
137
札幌台
293
自然歩道
中央峠
253

有明《ありあけ》の滝《たき》自《し》然《ぜん》探《たん》勝《しょう》の森《もり》（札幌市清田区）

有明の滝群を巡る

白旗山の向かいにある。見どころは有明ノ滝と有明小滝巡り。両者を結ぶ道は深い樹林の中だが、自然味豊かで歩きやすい。

沢沿いの道から見た有明ノ滝

有明地区の滝巡り ★★★

一周4.4㌔　1・35

有明ノ滝から上り始めるコースで紹介する。樹木が茂っているので、いつも薄暗い。緩やかに上る道を400㍍進むと、左手の川に下りる道があり、川沿いに有明ノ滝の直前まで行ける。

高さ13㍍の堂々とした美しい滑《なめ》滝で、一枚岩を伝って水が落下する様子は美しい。

分岐に戻り、さらに道を進むと滝の上に出る。見下ろす滝の姿もまた新鮮だ。滝の上は流れが緩やかで、真っ黒な一枚岩の滑が続いている。

有明ノ滝入口

■交通
地下鉄福住駅から中央バス有明線で三滝の沢下車。
■マイカー情報
駐車場がある。
■管理
札幌市みどりの管理課
☎011・211・2522

フッキソウの実 (9/8)

西側コースの入口

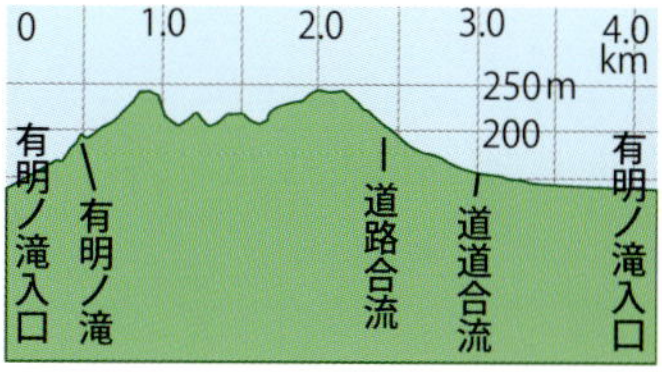

沢沿いの道が終わると山側へ曲がり、東屋に出る。いつも暗くてじめじめしていて心が休まらない印象がある。

東屋を出ると尾根道となり、有明ノ滝入口へ戻る道と有明小滝へ向かう道に分かれる。明るく乾いた印象の歩きやすい道だ。

東屋から1・7キロで車道に出る。向かい側には西側のコースの入口がある。コースができた当初は伐採後の若い2次林で、魅力を感じなかったが、数十年が経ち、りっぱな森に育ったと思う。特に優れた魅力があるわけではないが、季節折々の森林歩きと植物探しによいコースだ。

車道を100メートル下ると道路脇に有明小滝がある。道路から見下ろす高さ3メートルの小さな滝で、ちょっとしょぼい。

ふれあいの森西入口
注ふれあいの森西入口から白旗山側に入る人は、釣り堀の駐車場を使わず、向かいの有明ノ滝入口駐車場を利用すること。
釣り堀
釣り堀客専用
至美しが丘
「三滝の沢」
有明ノ滝入口
0.5
0.4
真駒内御料札幌線
水音の沢入口
0.7
0.3
0.1
滝見ポイント
0.1
0.4
0.2
有明ノ滝
226
有明の滝自然探勝の森
陸上自衛隊
北海道大演習場西岡地区
東屋
コースタイム
有明ノ滝入口
←0:20→
←0:10→
小滝の沢入口
←0:40→
←0:15→
←0:10→
有明ノ滝
東屋
有明小滝
一周1:00
有明地区の滝巡り
一周4.4km 1:35

0
100
200
300
400
500
600m
N
W
E
S
242
ツキサップゴルフクラブ
札 幌 市
清田区
厚 別 川
0.6
341
小滝の沢入口
(自衛隊入口)
P
WC
札 幌 市
清田区
0.5
246
341
0.2
0.6
1.0
至真駒内
有明小滝
「鱒見の滝入口」
0.1
0.1
0.5
0.4
253
P
WC
滝野すずらん丘陵公園

シャクジョウソウ (8/1)

左手に滝を見ながら上流へ進む

火山灰の崖

滝の上流は真っ黒な岩の滑が続く

ユキザサの実 (9/21)

さらに下ると道路の脇に火山灰の崖が連なる。支笏カルデラの爆発で降り積もった火山灰なのだろうが、分厚さを考えると自然の力に圧倒される思いだ。

道道に出る地点まで下りると、自衛隊のゲートと自然歩道小滝の沢入口の駐車場がある。ここから出発地点の有明ノ滝入口まで車道を歩いて1・1㌔である。

このコースの魅力は、自然と人里のほどよい距離感だ。自然の奥深く入ることに不安を感じる人も、ここは安心して歩けるだろう。

有明小滝。見下ろす位置にある小さな滝だ

マイヅルソウの実

清そな花を咲かせるマイヅルソウは実も美しい。緑から次第に赤い斑が増えて真っ赤になっていく。実を付ける株は意外に少ないので注意して見たい。

小滝の沢入口。自衛隊敷地への車両ゲートがあるが、歩行者は探勝の森まで通行できる

深い森、深い谷を満喫しよう

深い森を楽しむ

白川《しらいかわ》市民《しみん》の森《もり》・南沢《みなみさわ》市民《しみん》の森《もり》（札幌市南区）

毎年ヒグマが出没するほどの森の深さが魅力。山頂は木が茂って景色がまったく見えなくなったのが残念だ。

ほぼ外周回りコース★★★

一周6.9キロ　2・45

林道跡を利用した歩道が網目状に延びているので自由に組み合わせて歩けるし、道の分岐に必ず番号を振った標識が立てられているので間違うことはない。ここではできるだけ長く歩き、青山の山頂にも立てるコースを設定してみた。約7キロと長距離だ。

出発前に案内板に目を通しておこう。ヒグマの出没状況、自然災害による部分閉鎖などの情報が得られる。これらは市のサイトを「札幌市市民の森」で検索しても分かることなので、事前にチェックし

道の分岐には地図付きの標識がある

白川市民の森の入口駐車場。１番方向は→のところから入る

■交通
国道230号を通るじょうてつバス、藤野３条８丁目（札幌駅前バスターミナル－定山渓）が白川市民の森に最も近いが、入口まで3kmと遠い。

南沢市民の森にバスの便はない。

■マイカー情報
白川市民の森入口に市が設置した無料駐車場がある。
南沢市民の森に駐車場はない。

■市民の森の管理
札幌市みどりの管理課
☎011・211・2522

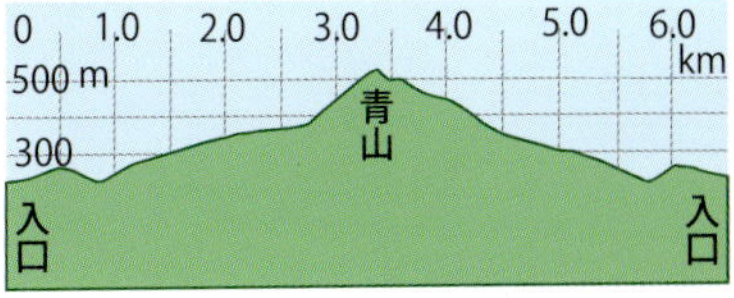

ておきたい。
白川市民の森を歩く人のほとんどは最高点の青山を目指す。登山としては小規模だが、それなりに達成感があり、山頂から見る空沼岳から恵庭岳にかけての眺めを楽しみにしている人が多い。しかし近年は周囲の樹木が成長して、景色がまったく見えなくなった。何年たっても解消されないので、札幌市みどりの管理課に聞くと、緑地の保全の観点から眺望確保のための刈り払いはしないとのこと。趣旨は理解できるが登山の最大の魅力がなくなってしまったのは非常に残念なことだ。
今後は林内を歩くだけになってしまうが、深い谷を上り下りするところもあり、森の深さを楽しむことはできる。上手にコースを組み合わせて森林美を楽しみたい。

至南沢
235
廃道
29
3
0.4
0.3
265
31
南沢市民の森
0.5
0.8
28
0.1
0.4
27
草地
谷越え
0.2
市民の森入口
1.1
標識なし
1
2
0.3
「白川市民の森入口」看板
0.3
0.2
276
広い道は入らぬこと
市民の森入口
硬石山線
189
送電線
至石山
昆虫館
札幌市北方自然教育園学習館
「白川市民の森入口」標識
白川《しらいかわ》
砥山豊平川沿線
札幌市南区
豊平川
藤野
至札幌市街
「十五島公園」
白川浄水場
230
「藤野3-8」
至定山渓

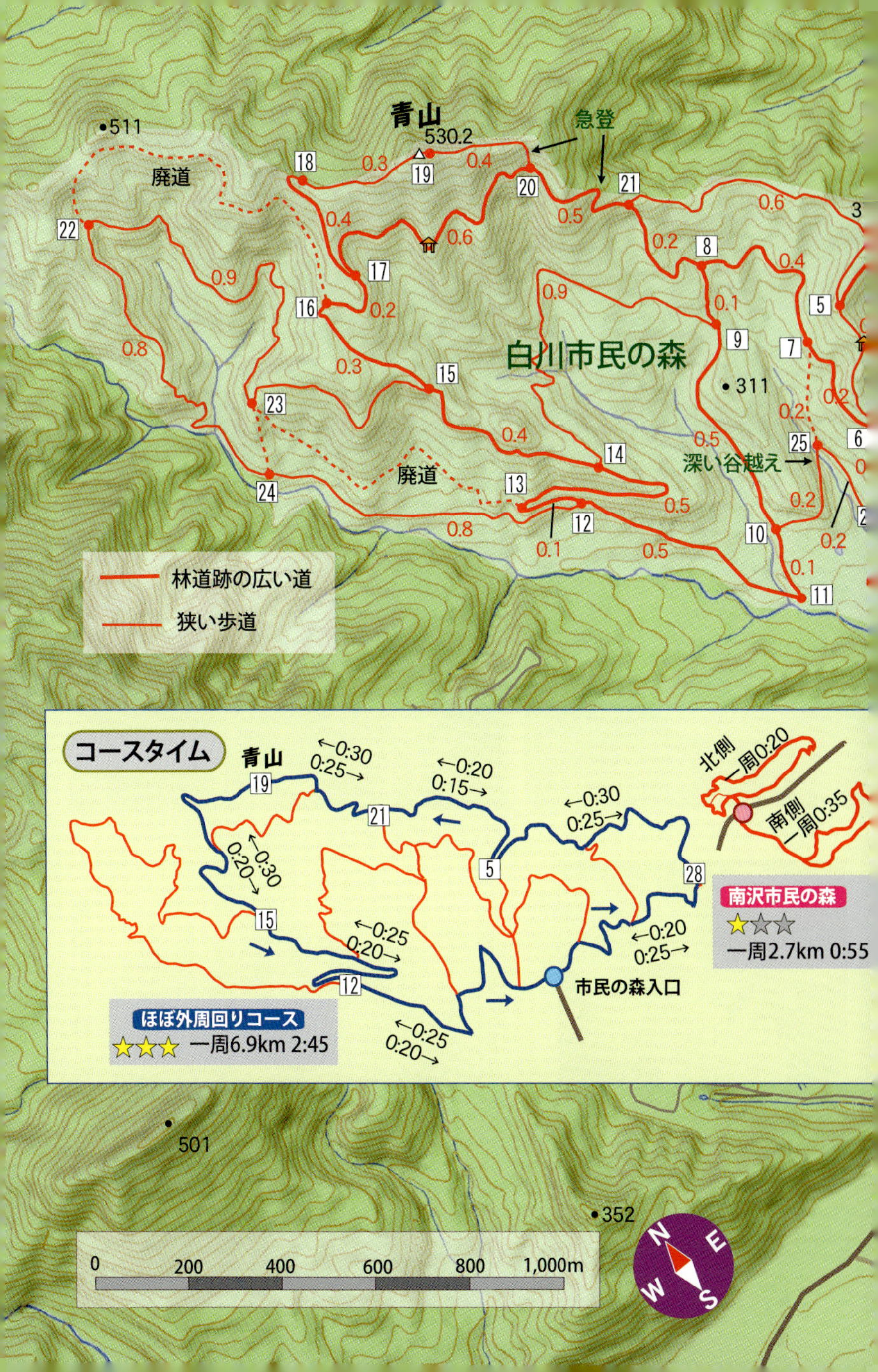
青山
530.2
•511
廃道
急登
白川市民の森
•311
深い谷越え
廃道
18
19
20
21
22
17
16
15
23
24
14
13
12
8
9
5
7
25
6
10
11
3
0.3
0.4
0.5
0.6
0.4
0.6
0.2
0.4
0.9
0.2
0.9
0.1
0.8
0.3
0.2
0.2
0.4
0.5
0.5
0.2
0.8
0.1
0.5
0.2
0.1
林道跡の広い道
狭い歩道
コースタイム
青山
←0:30
0:25→
←0:20
0:15→
←0:30
0:25→
←0:30
0:20→
←0:25
0:20→
←0:25
0:20→
←0:20
0:25→
19
21
5
28
15
12
市民の森入口
ほぼ外周回りコース
★★★ 一周6.9km 2:45
北側
一周0:20
南側
一周0:35
南沢市民の森
一周2.7km 0:55
501
•352
0
200
400
600
800
1,000m
N
E
S
W

南沢市民の森の小さな看板

青山の山頂は何も見えない

ヤマシャクヤク (6/12)

クルマユリ (7/5)

アオチドリ (6/12)

南沢市民の森★★★

一周2.7キロ　0・55

入口には自然歩道の小さな標識があるが、肝心の入口が目立たない。標識近くを探すと分かる程度の存在感だ。

車道を挟んで北側と南側に歩道が延びている。突出した特徴はなく、南側の方が山岳的雰囲気がある。初めて訪れたときは南側の道が硬石山まで延びていることを期待したが、尾根の途中で終わっていた。これからの充実が楽しみだ。

白川市民の森を縦横に走る林道跡の道

3種類の平地型タンポポ

セイヨウタンポポは明治初期に食用目的でアメリカから持ち込まれた外来種。外見の特徴は総苞（そうほう）片が反り返り、垂れ下がること。咲き始めは垂れないこともある。市街地から平地にあるのはほぼこの種。エゾとの雑種で中間的なものもある。エゾタンポポの総苞片はウロコ状で密着している。山地に入ると見られるが多くはない。シコタン（ネムロ）タンポポの総苞片はエゾと同様に上向きだが、強く密着していない。苫小牧から道東にかけての太平洋側で見られる。

セイヨウタンポポ

エゾタンポポ

シコタン(ネムロ)タンポポ

細長い緑地のすぐ右に地下鉄が走る

真駒内《まこまない》保健《ほけん》保安林《ほあんりん》（桜山《さくらやま》）（札幌市南区）

地下鉄沿線に広がる緑

地図に桜山の記載はない。桜の多いこの丘は昭和初めから花見の名所として親しまれ、自然に生まれた名のようだ。

真駒内一帯は支笏カルデラの火山灰が堆積した高低差のあまりない丘陵地帯で、保安林は地下鉄に沿って南北に細長く続いている。

地下鉄駅スタートという便利さはありがたいが、入口が明確でない。駅から最も近いのが南寄り250メートルにあるコンクリート階段の入口だ。保安林の端から歩き始めるなら駅から北へ800メートル先にある車両基地から入るとよい。

この保安林は、マイカー利用者にとっては駐車場がないのが残念な点だ。保安林の中間地点に広い駐車場があるのだが、トイレとともに常に閉鎖されている。不便な

正面玄関ともいうべき大看板

■交通
地下鉄真駒内駅下車。駅から南へ 250 mの入口が最も近い。
■マイカー情報
駐車場は常に閉鎖されており、併設されたトイレも閉鎖されている。ほかに保安林利用者が利用できる場所もトイレもない。
■保健保安林の管理
北海道総務部総務課財産運用グループ
☎ 011・204・5056

駐車場に入れないので鎖の前に駐車する車を毎回見る

ので開放してほしいと道に話したが、もともと公共用に設置したものではなく、今後も開放する予定はなく、トイレも老朽化していて使えないとのこと。この保安林にはトイレが1カ所もないので、出発の際に済ませておきたい。

車両基地から北側一周コース

★★★　一周3.7キロ　1・20

車両基地からスタートする。森林の幅が地下鉄と道路に挟まれた200㍍ほどしかないので、樹林ごしに地下鉄が走る音が聞こえ、市街地の近さを感じる。

歩道は丘の上と下に平行してあり、往復で使い分けられる。後半は水道局の配水池の上の広場を通って車道の石山西岡線に出る。

特段に珍しい植物があるわけでもないが、それでもかなりの種類があり、近隣の人にとってはわざ

コースタイム
北側一周コース
車両基地から
一周3.7km 1:20
車両基地
←0:25→
←0:10→
配水池
←0:25
0:20→
尾根
←0:15
0:10→
←0:05→
真駒内緑町
真駒内上町
五輪通
真駒内曙町
82
平岸通
地下鉄南北線
「上町５丁目」
じ
中
陸上自衛隊
真駒内駐屯地
500
130
120
110
180
320
320
40
230
70
390
230
220
180
真駒内保健保安林（桜山）
90
120
保健保安林看板
車両基地
220
水源池通
水源池通
82

116-117
114-115
「緑町１丁目」
453
エドウィン・ダン
記念公園
南区役所
真駒内南町
札幌市
南区
桜山小
真駒内泉町
真駒内幸町
真駒内中
平岸通
580
下りられない
出入口階段
150
380
50
30
190
50
真駒内
360
230
350
閉鎖された
駐車場とトイレ
95
120
100
水道局
配水池
石山西岡線
精進川
紅桜公園
W
N
S
E
0
100
200
300
400
500
600m
距離
m

「真駒内花園」
真駒内柏丘
453
「柏丘８丁目」
真駒内川
札　幌　市
南　区
真駒内南町
桜山小
芝生広場
「南町３丁目」
140
70
10
180
平岸通
石山西岡線
真駒内泉町
170
60
緑ヶ丘
保健林碑
320
580
下りられない
200
150
380
50
30
190
680
200
140
50
230
120
水道局
配水池
閉鎖された
駐車場とトイレ
95
精　進　川
W
N
S
E
距離
m
0
100
200
300
400
500
600m

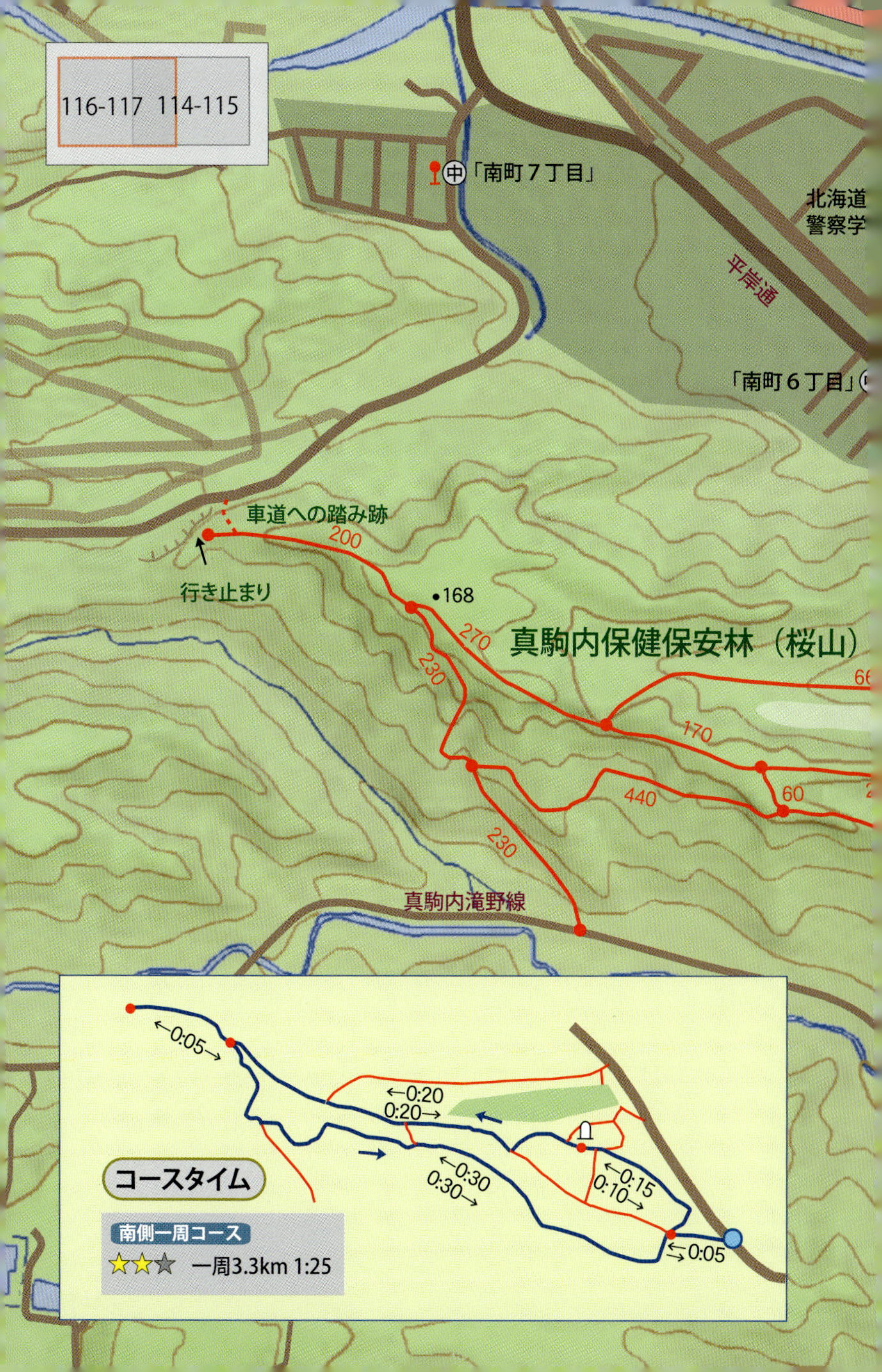

116-117
114-115
「南町７丁目」
北海道
警察学
平岸通
「南町６丁目」
車道への踏み跡
行き止まり
200
168
270
230
真駒内保健保安林（桜山）
170
440
60
230
真駒内滝野線
←0:05→
←0:20
0:20→
←0:30
0:30→
←0:15
0:10→
⇆0:05
コースタイム
南側一周コース
一周3.3km 1:25

チゴユリ (5/18)

タチツボスミレ (5/7)

ミヤマエンレイソウ (5/7)

イチヤクソウ (6/12)

フデリンドウ (5/18)

トケンラン (6/12)

わざ遠くへ出かけなくても季節ごとの植物が楽しめる。

南側一周コース★★★

一周3.3キロ　1・25

北側に比べて森林の幅が広く、2本の尾根とその間の沢地形に道が延びている。広くて地形に変化がある分、自然味も豊かだ。地下鉄から離れているのでとても静かでもある。

左ページのヒメシロチョウは2008年にここで撮影したものだが、私自身札幌では数十年見ていなかった。ずっと以前に絶滅したものと思っていただけに、見つけたときはわが目を疑った。この希少種の生命をつないできた小規模な保安林の自然は、とても重要な役目を果たしていたことになる。チョウも環境も末永く守り続けたいものだ。

ハナムグリ (5/18)

ミヤマセセリ (5/18)

ヒメシロチョウ (5/7)

1948年の保安林付近

当時は真駒内のほとんどがアメリカ軍の駐屯地で、写真にも左側にその一部が写っている。画面中央に定山渓鉄道が上下に通っている。現在の地下鉄はその軌道跡を利用したもので、現在の真駒内駅は画面のほぼ中央である。黒っぽく写っているのが現在の保健保安林で、右上の伐採跡を見るように、当時はかなり切り払われていたことも分かる。

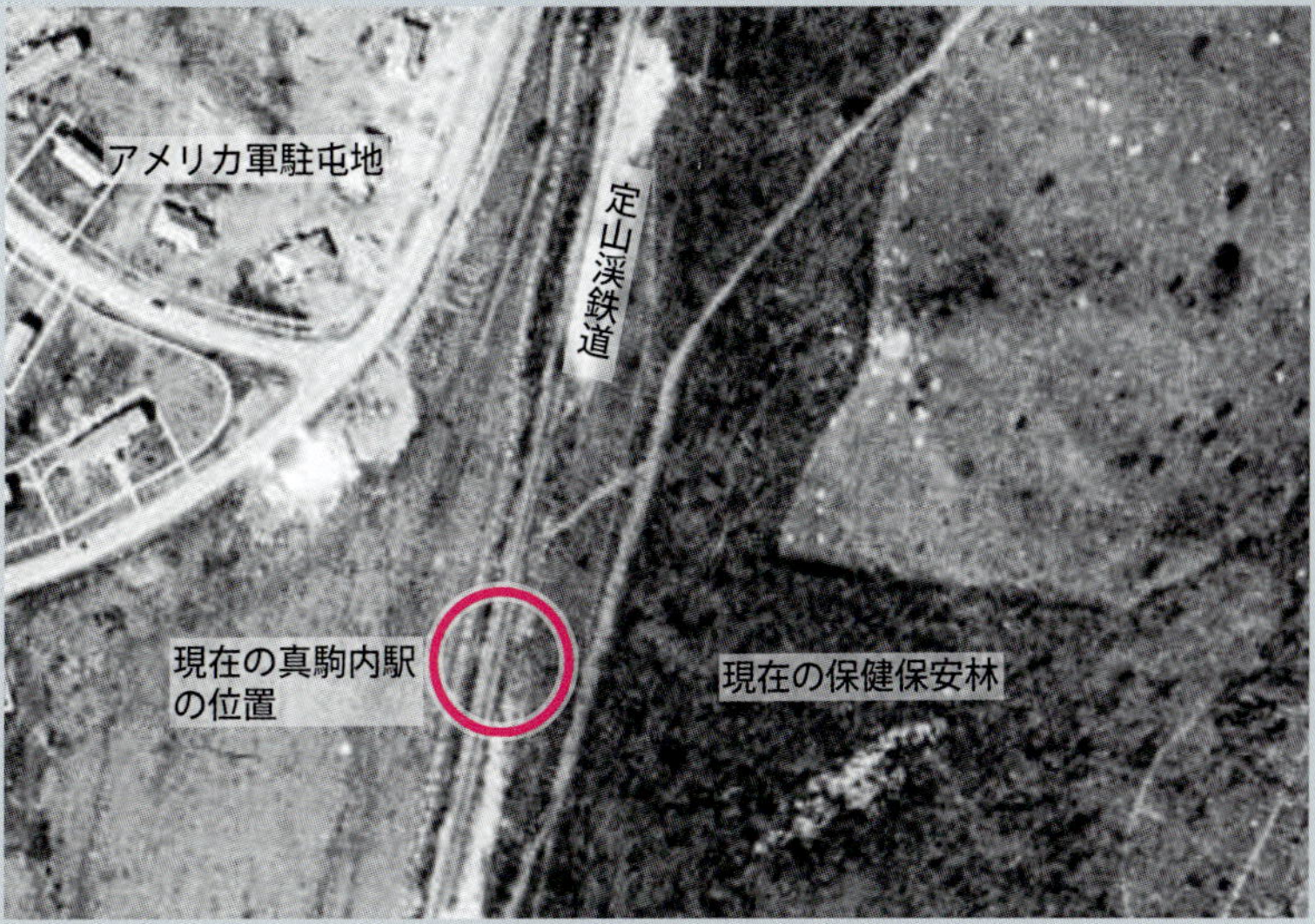

夕日岳見晴台から真っ白な余市岳を望む

朝日岳《あさひだけ》・夕日岳《ゆうひだけ》・定山渓散策路《じょうざんけいさんさくろ》（札幌市南区）

定山渓を見下ろす山

定山渓温泉をはさんで向かい合う600メートルほどの山だが、登山準備が必要。春の花の時期がお勧めだ。

定山渓散策路★☆☆

温泉街の中央を流れる豊平川沿いの遊歩道である。二見公園のかっぱ大王像から始まり、赤く塗られた二見吊橋を通り、川原に下りてかっぱ渕で荒々しい岩壁を望むのが定番で、家族連れの散策に最適だ。

朝日岳と夕日岳の両方を登る欲張り登山をする人には両山の連絡路としても使われる。

2018年の時点では大雨被害で一部通行止めになっていたので情報を確認して歩いてほしい。

夕日岳・定山渓神社コース★★★

片道3.9キロ　上り1・20　下り0・50

散策路沿いのかっぱオブジェが楽しい

大岩壁を見上げるかっぱ渕

■交通
札幌駅発じょうてつバス、かっぱライナー、または真駒内駅発定山渓行き。
夕日岳は定山渓神社前、朝日岳は定山渓車庫前か定山渓湯の町下車。

■マイカー情報
定山渓神社横に市の駐車場がある。スポーツ公園にも市が設置した無料駐車場がある。
朝日岳の豊林荘登山口に駐車場がある。

■定山渓散策路の管理
定山渓観光協会
☎011・598・2012

■夕日岳、朝日岳の管理
定山渓森林事務所
☎011・598・4351

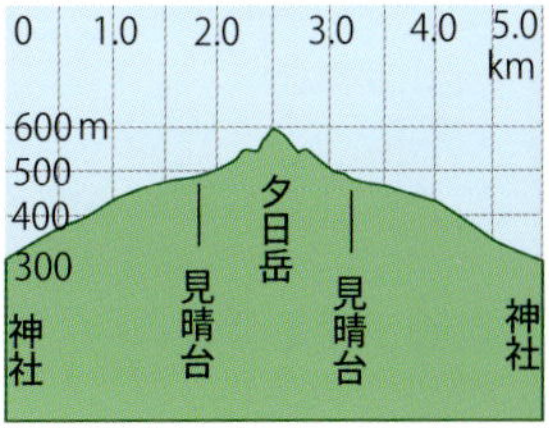

定山渓温泉の東にあり、最後まで夕日を浴びていることから名付けられたそうだ。登山道は定山渓神社の奥から始まる。登山道を少し歩いた先に登山ポストがある。じめじめした沢の中を歩き、やがて尾根に取り付く。大きなジグザグを登り、見晴台へ。

5月は途中の花が美しい。カタクリ、ニリンソウ、ナンブソウ、シラネアオイなどが一面に咲く。花を目的に登る人も多い。

見晴台からは遠くに余市岳、無意根山、定山渓天狗岳、小天狗岳が見える。山頂は眺めが悪いので、ここで楽しんでおきたい。

ここから傾斜が緩やかになった尾根を歩き、山頂へ。以前はある程度景色を見渡せたが、現在は樹木が成長したために望むことはできない。

0
100
200
300
400
500
600m
N
W
E
S
至札幌市街
白糸隧道
豊平川
定山渓大橋
230
札幌市
南区
定山渓温泉
無意根山、天狗岳
など眺めよし
見晴台
507
294.5
「定山渓神社前」
定山渓神社
夕日岳登山口
P
0.4
沢地。ぬかるみ多し
植物が多い
2.1
登山ポスト
砂防ダム多数
1.4
夕日岳
594
夕日岳
コースタイム
国道
←0:10→
登山ポスト
見晴台
←0:30
0:50→
←0:20
0:10→
夕日岳
定山渓神社コース
★★★ 片道3.9km
上り1:20 下り0:50

朝日岳 コースタイム
朝日岳
←0:05 0:10→
←0:50 0:35→
←0:30 0:40→
岩戸公園
豊林荘跡地
岩戸公園コース ★★★
片道2.3km上り1:00 下り0:40
豊林荘コース ★★★
片道2.0km上り0:50 下り0:35
←至小樽
1
473
植物が多い
岩戸公園コース
登山ポスト
岩戸公園登山口
WC
岩戸公園
1.9
朝日岳
598.1
0.4
注
急斜面。雨後の滑落注意
「定山渓湯の町」
二見公園
二見吊橋
1.6
豊林荘コース
定山渓散策路 ★★★
かっぱ渕
定山渓散策路
スポーツ公園
「定山渓」
「定山渓車庫前」
豊林荘跡地
P
登山ポスト
豊林荘登山口
WC
豊平川
230
至中山峠
公共駐車場
P

夕日岳へ向かう途中は花盛り (5/23)

見晴台からは無意根山も見える

鳥居の左から登山道へ

朝日岳・豊林荘コース☆☆☆

片道2.0キロ　上り0・50　下り0・35

旧豊林荘の跡地は広い空き地になっており駐車できる。林道に入るとゲートと登山ポストがあり、ここが登山口だ。

少し林道を歩いた後に登山道に入り、登りにかかるが、途中に眺望などの楽しみはない。林の中の植物を楽しみながら高度を上げることにしよう。

標高差200メートルを稼ぐと山頂へ向かう道と岩戸公園コースの分岐に出る。ここから山頂まではまだ標高差60メートルほどあるので、じっくり登りたいところだ。

山頂は樹林の中。ここも眺望は期待できない。葉の茂らない春なら余市岳などが見える。

朝日岳・岩戸公園コース☆☆☆

片道2.3キロ　上り1・00　下り0・40

朝日岳山頂。樹木に覆われている

朝日岳・豊林荘コース登山口

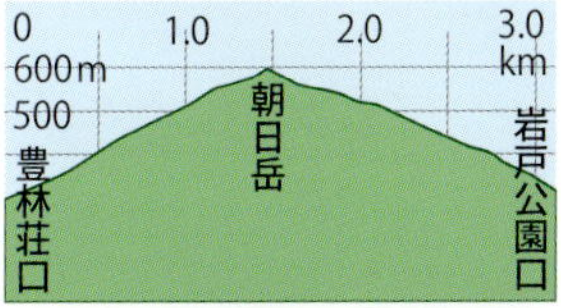

谷側に傾く道はスリップに注意

岩戸公園の奥に登山ポストがあり、ここからスタート。最初は湿った沢の中を歩き、やがて尾根に取り付く。

上部は植物が多く、春はいろいろな植物が目を楽しませてくれる。山頂近くになったら、尾根の急な南斜面を歩くが、道が谷側に傾いており、雨後は滑りやすいので注意したい。豊林荘コースと合流して山頂へ向かう。

赤花ミヤマエンレイソウ？

ミヤマエンレイソウの花は上の写真のように白だが、たまに下の写真のように赤っぽい花を見かける。これは花色が赤いのではなく、白い花がしおれつつあるときに見られる姿だ。

小樽《おたる》海岸《かいがん》自然《しぜん》探勝路《たんしょうろ》（小樽市）

祝津からオタモイへ

日本海に面した崖の上を歩くので眺めが非常によい。春は洋上に浮かぶ真っ白な増毛山地や積丹の山がすばらしい。

赤岩山の休憩所から見る積丹岳（右）

祝津口から下赤岩山★★★
片道0.9キロ　上り0・30　下り0・20

下赤岩山へ向かう歩道は尾根をまっすぐに上る。途中、右側にある鳥居は胎内巡りの入口だが、危険度が高く一般向きではない。

胎内巡りの入口を横目に道を上り続けるとテーブル岩に出る。岩の上は眺望が非常によいのだが、転落の危険があるので、柵から出ないで眺めを楽しみたい。

この少し先が下赤岩山の山頂だが、標識も広場もなく、知らずに通り過ぎる。その先、道の脇から海側に切れ落ちているところが函ガレで、８・９月、この付近に白

ホテルの上方に駐車可能な空き地がある

テーブル岩。手前に柵がある

ピレオギク (9/20)

■交通

祝津口：小樽駅発中央バス祝津線でおたる水族館下車。徒歩 0.9km。

赤岩峠口：同祝津線、赤岩線で赤岩２丁目下車。徒歩 1.5km。

オタモイ口：同本局前・小樽駅前発おたもい線でおたもい団地下車。徒歩 0.7km。

■マイカー情報

祝津口は、ホテルの山側に空き地があり、５台ほど駐車できる。満車の際は水族館の有料駐車場がある。

赤岩峠口、オタモイ口にも駐車場がある。

■探勝路の管理

小樽市観光振興室

☎ 0134・32・4111 内 266

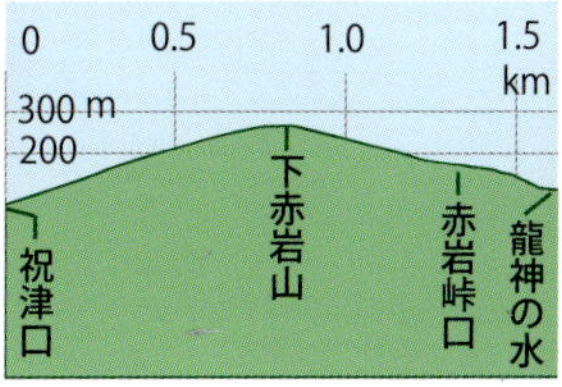

く背の低いピレオギクが咲く。日本海沿岸にだけ見られる植物だ。

赤岩峠口から下赤岩山★★★

片道0.5㌔　上り0・15　下り0・10

赤岩峠から道の脇に並ぶお地蔵さんに導かれて坂道を上る。ここは海の安全を祈願する龍神信仰が古くから続いており、お地蔵さんが道の脇や岩壁の危険な場所にも祭られている。

左に岩峰、右に小樽の町を見ながら上ると、前述の函ガレの頭に着く。

赤岩峠口から龍神の水★★★

片道0.2㌔　上り0・10　下り0・05

本来は三差路を通って海岸へ向かう道だが、現状は落石危険を理由に途中で通行止めになっており、解除の見込みはない。実際には岩登りをする人や釣り人は入っているようだ。春はカタクリが咲

トド岩
0
200
400
600
800m
高島岬
N
W
E
S
祝津パノラマ
展望台
日和山灯台
ホテル
鰊御殿
空き地
おたる水族館
地蔵
ホテル専用
「おたる水族館」
0.9
祝津口
有料
小樽貴賓館
旧青山別邸
祝津
石　狩　湾
小樽港
454
茅柴岬
新高島トンネル
高島

130-131
128-129
日本海
三差路
中赤岩
落石通行止
龍神の水
水
0.2
WC
お堂
180
0.5
赤岩峠
P
0.1
赤岩峠口
東大壁
函カレ
279
胎内め
危
下赤岩山
（東赤岩山）
テーブル岩
眺めよし
西壁
三ッの岩塔
岩塔が見下ろせ、海岸の
眺めがよいが、転落注意
危
0.9
休憩所
眺めよし
休憩所
赤岩山
（西赤岩山）
無線中継所
371.0
至オタモイ
管理道路
2.0
1.3
小樽市
高島墓地
コースタイム
赤岩峠口から下赤岩山
片道0.5km上り0:15 下り0:10
龍神の水
下赤岩山
←0:10
0:15→
←0:30
0:20→
祝津口
赤岩峠口
祝津口から下赤岩山
片道0.9km上り0:30 下り0:20
赤岩
高島小
「赤岩２丁目」
中
一方通行
小樽駅、国道方向

オタモイ遊園地跡

2006年に遊歩道周辺で土砂崩れが起き、以後遊園地の遺構を見られる遊歩道は立ち入り禁止となった。復旧に多大な費用がかかるため小樽市は閉鎖を決定した。地蔵堂などを巡る道を含め、小樽で一番魅力的なコースだっただけに残念だ。再開できないものだろうか。

(写真は以前に撮影したもの)

手前は海に突き出た竜宮閣の跡地

門の上にオショロソウが咲く

オタモイ地蔵堂

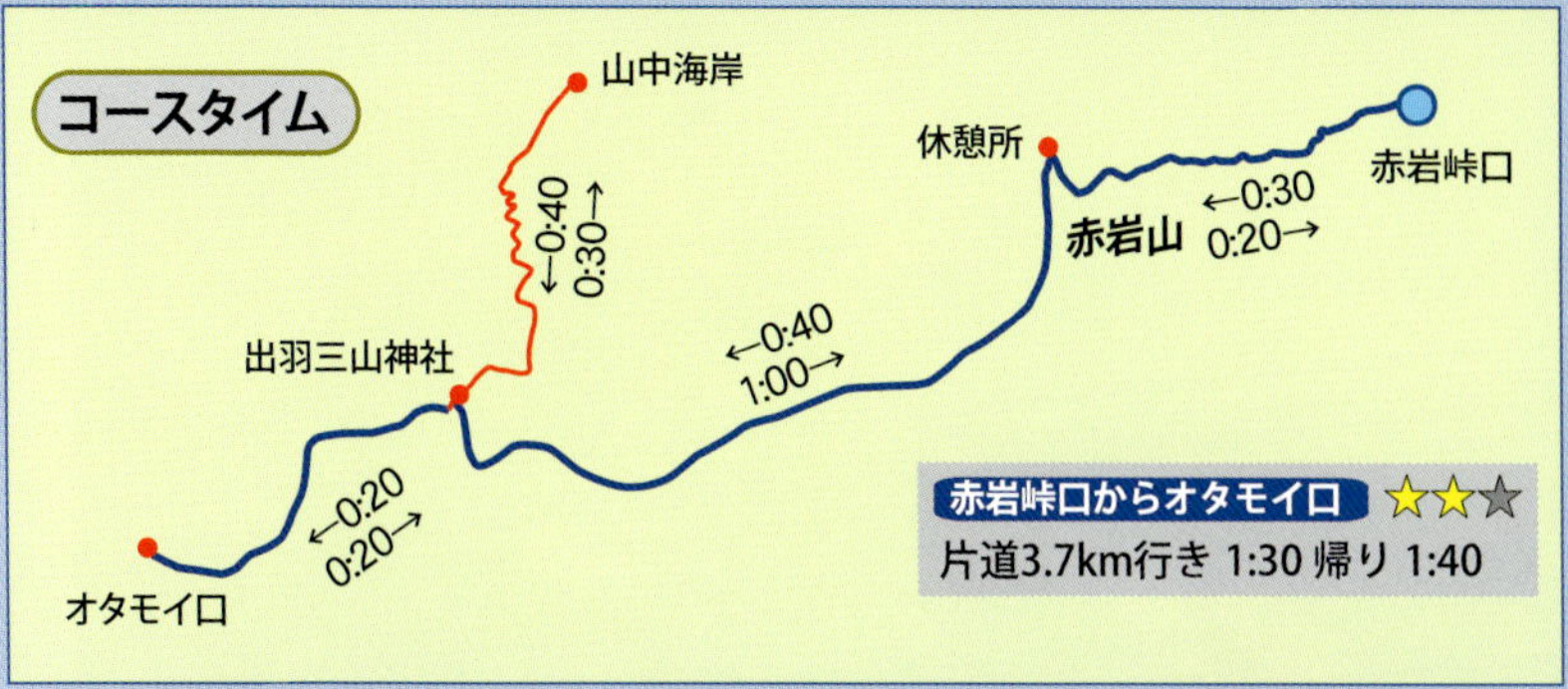
コースタイム
山中海岸
休憩所
赤岩峠口
←0:40
0:30→
←0:30
0:20→
赤岩山
出羽三山神社
←0:40
1:00→
←0:20
0:20→
オタモイ口
赤岩峠口からオタモイ口
片道3.7km行き 1:30 帰り 1:40

0
200
400
600
800m
N
W
E
S
130-131
128-129
弁天食堂があった位置
P
(40)
WC
竜宮閣跡
立入禁止
1.0
0.9
オタモイ海岸
オタモイ地蔵堂
(160)
WC
P
オタモイ唐門
オタモイ口
209.5
0.7
オタモイ
「おたもい団地」
中
小樽市
オタモイ
5
昔、唐門があった位置
至塩谷
至
5

テーブル岩付近から見た祝津方向の眺め

下赤岩山から見た赤岩山

龍神の水。右に鉄パイプ柵が見える

くので、興味のある人は通行止め柵手前の龍神の水まで下りてみよう。

赤岩峠口から赤岩山経由で オタモイ口へ★★☆

片道3.7キロ　行き1・30　帰り1・40

赤岩峠から赤岩山への道をたどる。眺めのない針葉樹中心の斜面を上りきると休憩所で、オタモイの海岸と積丹方面が見渡せる絶景ポイントだ。ベンチもあり、たいていの人はここで一休み。ここから遊歩道を外れて海側に延びる細道があり、三ッの岩塔の頭に出るが、転落にはくれぐれも注意を。

遊歩道の先は緩やかに下りながら出羽三山神社に向かう。途中で赤岩山の山頂へ向かう踏み跡がある。標識はないが木に赤テープが巻かれている。峠から電波塔の管理道路を歩いて遊歩道に入るには

唐門。1978 年に現在地に移設した

出羽三山神社

ニシンを煮た鉄の大鍋

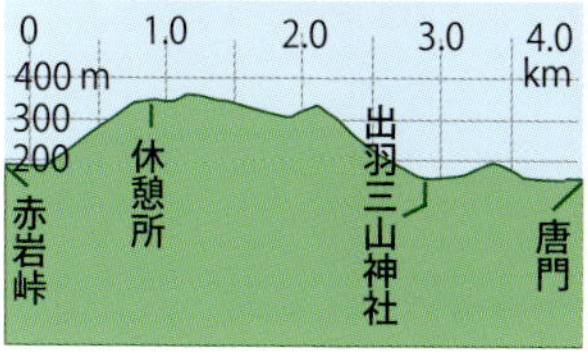

高さ 10 mほどのチャラセナイの滝

重宝な道だ。

出羽三山神社付近からは山中海岸に下りる道がある。春は花が咲いて美しい。海岸には昔のニシンを煮た大鍋や、海岸に下りた地点から100㍍ほど東寄りに高さ10㍍ほどのチャラセナイの滝がある。水量が多いのは春だけだ。

出羽三山神社から約1㌔で唐《から》門だ。昔は1㌔ほど下にあり、道路をまたぐゲートだったが、1978年に移設されて現在地にある。海側に曲がりくねった車道を下りれば海岸近くの広場に出る。ここには昭和初期からオタモイ遊園地があった。現在通行止めになっている先には竜宮閣があったが、52年に火災で焼け、基礎部分だけが展望台となって残っている。

旭《あさひ》展望台《てんぼうだい》周辺《しゅうへん》遊歩道《ゆうほどう》（小樽市）

港町の裏山ハイク

小樽は坂の町。小樽駅の後ろはすぐ山だ。展望台からは港に船が浮かぶ様子が見え、長短18本の遊歩道が延びる。

旭展望台からは小樽の街並みや港を一望できる

船見坂口から旭展望台★★★

片道0.8キロ　上り0・25　下り0・15

マイカー利用なら旭展望台の駐車場が起点になるが、ＪＲ利用の場合は小樽駅から徒歩４５０メートルの船見坂突き当たりから入るとよい。狭い急な石段を上る道は西陵中学校への近道にもなっていて、朝は学生が通る。あいさつがさわやかで気持ちがよい。

18コースそれぞれに番号が振られ、コース端に案内板が設置されているが、かすれて文字やコース線が見えないものが多い。

最短なら⑧だが、西陵中学校が起点となる⑨コースは下部のアカ

旭展望台

旭展望台駐車場

小林多喜二の文学碑

■交通

小樽駅前発中央バス商大行きで商業高校前下車。徒歩 1.4km。

■マイカー情報

展望台入口と小田観蛍碑前に無料駐車場がある。他にも小駐車場や空き地があるのでそれほど困らないはずだ。

■遊歩道の管理

小樽市農政課

☎ 0134・32・4111 内 268

※遊歩道、車道は冬期間閉鎖となる。

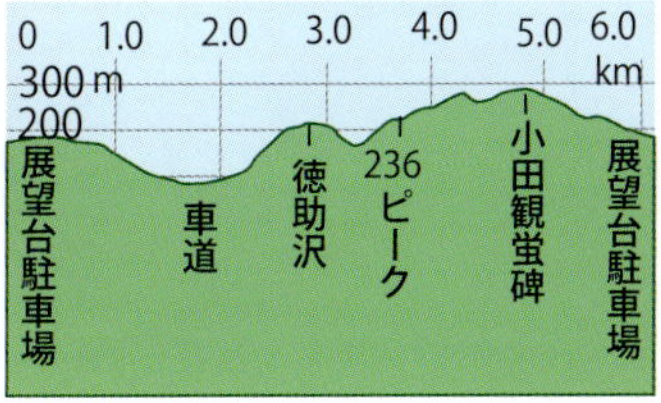

マツ林が新鮮だ。旭展望台は標高180メートルで、港が一望できる。すぐ下に樹林があるので、眼下に見下ろす感じが少し物足りない。展望台は東向きなので、日の出が見える展望台の意味だろうか。空気が澄んでいれば、洋上に暑寒別岳などの増毛山地の山々が見える。

コース全体で眺めがよいのはここだけ。葉のない季節なら樹間から景色が見られるが、ほとんど樹林の中だ。

駐車場から徳助沢・歌碑周遊

★★★ 一周6.2キロ　2・40

旭展望台駐車場の隣に小林多喜二の文学碑がある。近年「蟹工船」が時代を超えて脚光を浴び、注目が集まっている。彼は小樽育ちの作家だ。

ここからはどこへでも足を延ばせるが、外周をぐるりと一回りす

JR函館線
中「長橋十字街」
5
長橋
長橋
長橋墓地
魂碑
0.4
5
0.8
廃屋状態
休憩舎
見晴の丘
眺望なし
6
0.5
5
富岡
小樽駅から船見坂
経由450m
浄水施設
浄水施設
0.2
0.2
送電線
0.3
0.6
7
廃屋状態
休憩舎
0.3
芝生広場
0.3
8
0.3
8
0.1
0.2
0.2
0.1
13
0.2
0.1
水
P
WC
0.1
眺望よし
9
0.4
0.1
0.7
0.2
14
0.4
小林多喜二
文学碑
10
0.4
旭展望台
市道松山線
12
0.3
12
0.1
展望台駐車場
西陵中
0.2
0.3
富岡
15
0.2
11
0.8
0.2
175
小田観覚碑
休憩舎
見晴の丘
眺望なし
0.2
0.2
P
286.3
商業高
グラウンド
0.5
「旭展望台」
案内標識
商大通
至国道５号
16
地獄坂
中「商業高校前」
17
0.2
0.1
小樽商科大学
小樽商業高校
小樽市
緑
トドマツ林
1.0
18
250
697

西小樽変電所
マイクロ
ウエーブ
反射板
徳助沢
219.7
標識なし
至塩谷駅
956
水辺の広場
WC
236
商大グラウンド
150
250
0.1
0.1
0.4
0.5
0.2
0.4
0.6
1.0
1.0
コースタイム
船見坂口から旭展望台
片道 0.8km
上り0:25 下り0:15
徳助沢
←0:10→
←0:30→
←0:40
1:00→
←0:20
0:20→
←0:40
1:00→
船見坂口
←0:25
0:15→
小林多喜二
文学碑
小田観蛍碑
徳助沢・歌碑周遊
一周6.2km 2:40
N
W
E
S
0
200
400
600
800
1000m
至最上

剥げ落ちて見えないが、歩道の入口を知る目印になる

⑧コース。さわやかな道だ

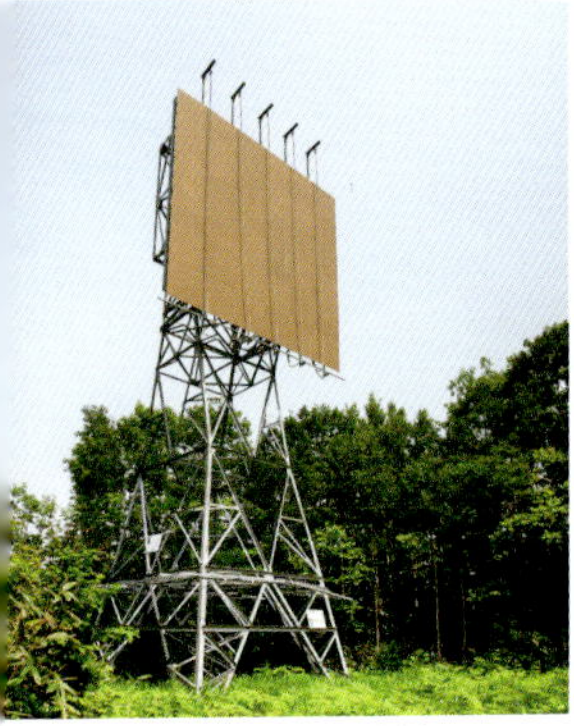
徳助沢ピークの反射板

⑥コースの美しいシラカバ林

るコースを設定してみよう。コース番号では⑦⑤①②⑪⑮⑬を車道交じりでつなぐことになる。それでも合計6キロほどで、あまり長い距離ではない。

展望台下の芝生広場から道が始まる。広場は草ぼうぼうのときもあるが定期的に刈られている。同様に、コースも廃道になったかと思えば、別のときにしっかり刈られていたりもする。

⑦コースの尾根道を進むと⑥コースへの分岐と休憩舎がある。清潔感がなく、休む気がしない。さらに下りて⑤の終点で、車道に出る。ここには数台駐車できるスペースがある。

車道を上がり、獣魂碑の前を通り、①コースに入る。

途中の枝道から徳助沢ピークにも行けるが、眺望はなく、マイク

②コース入口の杉木立

⑤コースの長橋側入口

カキラン (8/1)

小田観蛍の歌碑がある 286.3 mピークの広場

⑯コースで見た
クモキリソウ (7/19)

ロウエーブの反射板が2基建っているだけだ。

さらに①を進むと変電所への道と分かれて車道に下る。この分岐には標識がないので注意しよう。

車道から②に入り、急なジグザグ登りで２３６メートルピークに着く。道が分岐し、左は③で、犬管理所へ向かう。平坦になった右の②を引き続きたどると、商大グラウンドの脇を通り、車道に出る。ここには案内標識はないので、逆コースの場合は注意が要る。

車道を歩いて、小樽で活躍した歌人、小田観蛍の歌碑がある２８６・３メートルピークに出る。休憩舎があり、駐車広場がある。ここも木が茂り、眺めはない。帰りは車道を歩いてもいいが、⑪⑮車道⑬とつないで展望台駐車場に戻ったほうが自然を楽しめる。

新川が蛇行してできたオタナイの沼

新川河口《しんかわかこう》（小樽市）

川と沼に水鳥憩う

新川が石狩湾に注ぐ地点は水鳥の休憩地であり、海浜植物の宝庫でもある。その近くでは石狩湾新港の工事が着々と進んでいる。

新川河口周遊★★★
一周5.0キロ　1・45

新川の河川管理道路と海岸を歩くもので、自然歩道などに指定された場所ではない。トイレなどの設備はないので注意したい。

この海岸は海側から砂浜、草原、低木、カシワの樹林帯と段階的に移行している様子が見られる。日本の海岸はほとんどが人工的に改変を加えられているため、この様子が見られるのは珍しいのだそうだ。

この川には春と秋の渡りの時期に、いろいろな水鳥がやってくる。海岸までの長い単調な歩きは水鳥

国道 337 号から入るとゲートがある

新川を左に見ながら歩く

沼のほとりのキショウブ群落 (6/11)

■交通

地下鉄宮の沢駅発ＪＲバス発寒団地線、手稲駅北口発山口団地線、いずれも手稲山口団地６号棟前下車。国道入口まで徒歩 500 m。

■マイカー情報

国道 337 号の駐車帯を利用できる。

■河川敷の管理

北海道札幌建設管理部事業課

☎ 011・662・1161

■海岸の管理

小樽市観光振興室

☎ 0134・32・4111 内 266

観察を楽しもう。長年通っていると、見られる種類はかなりの数に及ぶ。種によっては来る年も来ない年もあるので、足しげく、気長に通う必要がある。なお、観察には双眼鏡と鳥類図鑑が必要だ。

河口近くに通行不能な鉄橋（小樽内橋）があり、名物的存在だったが、２０１８年から撤去工事中だ。橋の基部近くから右手のカシワ林と草原の境にある細い道に入るが、入口の様子は橋の工事が終わるまで分からない。

この道は１９７０年代まであったオタナイ集落（樽川）の道路跡である。植物好きはこちらに入るとよい。春にはキンギンボクが咲き、次いでクサフジなどが咲き、ルリシジミなどが舞う。夏はカシワの林にたくさんのキタアカシジミが飛び交う。

オタナイ発祥之地碑

撤去工事中の小樽内橋

ウンラン (9/21)

キンギンボクの花 (6/1)

真っ赤な実 (7/16)

一帯の道は年々ササに埋もれてきており、いずれは歴史的な道も消えてしまうだろう。

さらに進むと「オタナイ発祥之地」の石碑がある。説明に樽川発祥の地とある。昔の様子をアメリカ軍が1947年に撮影した航空写真で調べると、一帯に20戸ほどの建物が写っている。その後も規模は変わらず、76年撮影の写真で全戸が消えている。碑には石狩湾新港の建設に関して小樽市に編入されたと書かれている。

145ページの61年の写真では新川が蛇行しているが、10年後の写真では直線化して、現在のオタナイの沼が形成されている。

また、橋を見ると、架け替えられているのも分かる。何度も洪水で流され、最後の橋が撤去中の橋だ。

0
200
400
600
800
1000m
N
W
E
S
日本海
石狩湾
オタネ浜
道が不明瞭なときは
海岸を歩くとよい
オタナイの沼
オタナイ発祥之地碑
一周
1.6
ここに20戸ほどの
集落があった
新川マリン会
撤去工事中の
小樽内橋
2018年の工事で
入口の様子が変
わっている
大浜
小樽市
銭函
手稲バッタ塚
1.7
小樽市
銭函
石狩湾新港関連用地
至石狩・当別
清川
西部スラッジ
センター
新川
バッタ塚への標識
パーク
ゴルフ場
駐車帯
山口緑地
子どもの
遊び場
ゲート
札幌市
山口斎場
手稲水再生
プラザ
新川通
山口墓地
札幌市山口処理場
「手稲山口団地６号棟前」
125
札幌市
手稲区
あすかぜ高
337
「あすかぜ高校前」
至小樽
山口
曙通
コースタイム
0:25
オタナイ
発祥之地碑
0:10
0:35
国道
337
新川河口周遊
一周5.0km 1:45

ハヤシミドリシジミ (7/25)

キタアカシジミ (7/6)

イチモンジチョウ (7/6)

ウラミスジシジミ (7/25)

碑の横の道はやぶに消えるので、手前の道をたどるとやがて樹林帯を抜け、海岸近くの草原、砂地に出る。海浜植物が多く、ハマナス、ハマニガナ、ハマエンドウ、ハマヒルガオ、ウンランなどが次々と咲く。草原の鳥であるノゴマ、ホオアカ、ノビタキなども多い。

浜辺を歩いてもよいし、沼に沿う道を歩いてもよい。ただし、途中で途切れたりもするので、適宜コースを選びたい。

近くの新港建設中に一時的にできた池にたくさんのカモやシギ、チドリ類が集まった。それが埋め立てられ、鳥が消えた。石狩海岸は海沿いの渡りルートの重要な休憩地であることを証明したわけだ。新港に隣接して人工干潟などを備えた野鳥公園ができないものだろうか。

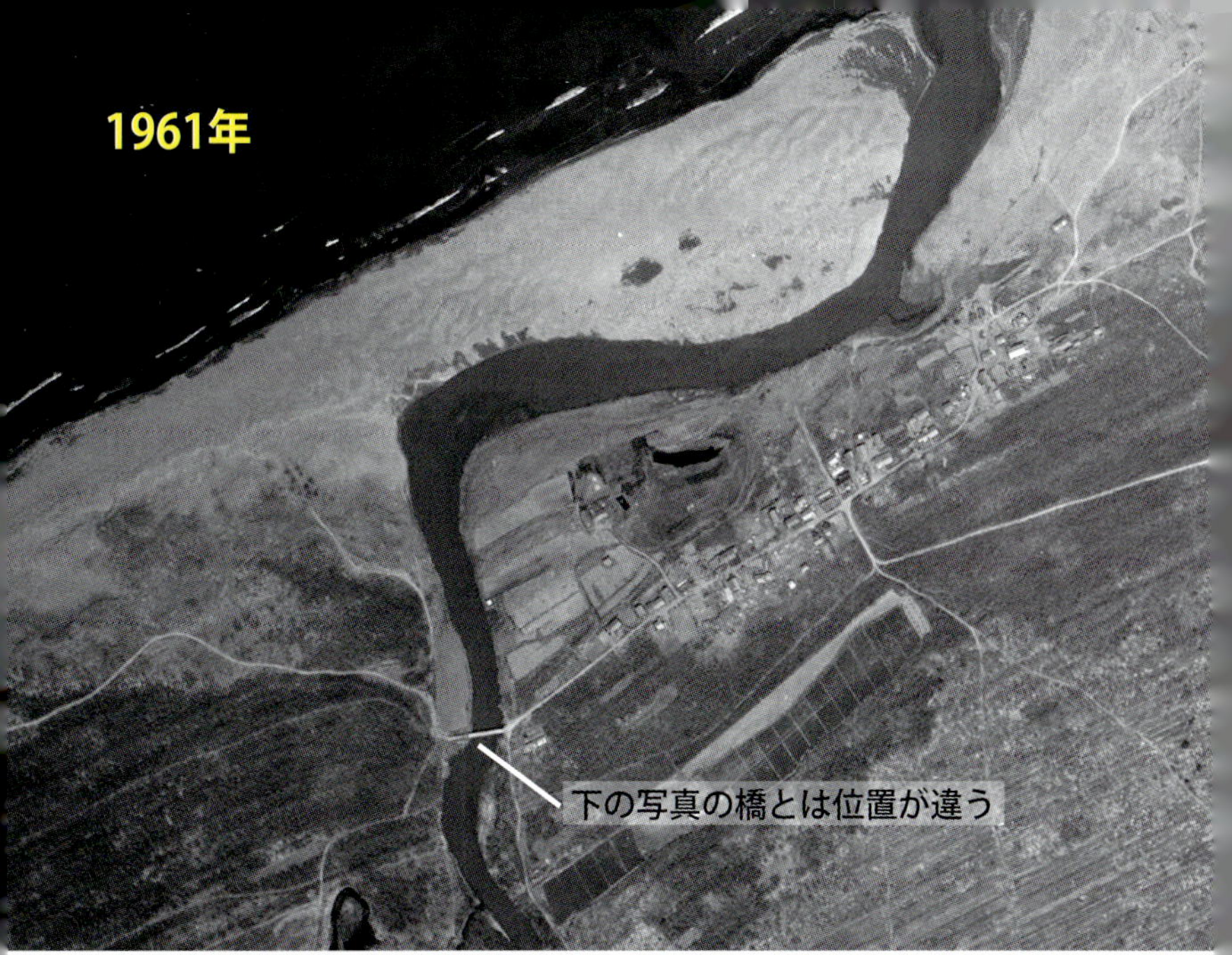
1961年
下の写真の橋とは位置が違う

1971年
碑の位置
1965 年建造の小樽内橋

新川に憩う水鳥たち

カワアイサ (4/17)

カイツブリ (4/5)

カンムリカイツブリ (4/4)

ウミアイサ (3/16)

オカヨシガモ (4/6)

ミコアイサ (4/8)

スズガモ (3/27)

コガモ (4/17)

オシドリ (4/8)

カルガモ (4/15)

キンクロハジロ (5/26)

オオバン (5/2)

ハシビロガモ (4/15)

シマアジ (5/8)

ホオジロガモ (11/8)

新川の海岸と草原で憩う鳥たち

アオアシシギ (10/1)

コチドリ (6/6)

トウネン (8/22)

ノビタキ (5/8)

アジサシ (9/19)

ユリカモメ (9/7)

シマエナガ (11/8)

ミヤマホオジロ (11/8)

アカモズ (6/6)

ホオアカ (6/16)

タゲリ (3/30)

ジョウビタキ (11/2)

ミサゴ (4/5)

ノスリ (11/8)

オジロワシ (5/26)

ミズバショウの開花は４月末

マクンベツ湿原《しつげん》（石狩市）

ミズバショウ群生地

石狩川に面した湿地には、春にたくさんのミズバショウが咲く。この時期だけ大勢の人が詰めかけ、その後はひっそりとする。

最短コース★★★
往復1.0キロ　0・30

ゆったり流れる石狩川が海に注ぐ1キロ手前にこの湿原がある。

人がにぎわうのは4月末から5月初めのミズバショウの季節だけ。それ以外はほとんど訪れる人はいない。夏以降は背の高い草が木道を覆い、歩く意欲をそぐ。

木道は石狩川に向かって400メートル一直線に延びている。木道とはいえ、正しくはプラスチック製だが、上手にできている。おそらく誰もが木製と思うだろう。

木道の両側は枝が曲がりくねったハンノキの林で、下は水面が顔

木道に最も近い道道沿いの駐車場

■交通

中央バス札幌ターミナル発札厚線、石狩線で矢臼場下車。湿原入口まで徒歩1km。

■マイカー情報

3カ所の駐車場がある。トイレは1カ所。

■湿原の管理

石狩市環境保全課
☎0133・72・3240

湿原入口

をのぞかせる湿地である。これほどミズバショウの密度の高い場所は札幌近郊では珍しい。

石狩川へ向かう中間で広いアシ原となる。草原ではオオヨシキリ、コサメビタキなどがさえずる。

季節が進むと、オオマルバノホロシ、エゾノレンリソウ、イヌゴマなど、いろいろな花が楽しませてくれる。

木道の最先端近くで毎年ザゼンソウを見るが、いつも1株だけ。なぜ極端に少ないのだろうか。

木道先端は石狩川の流れに面している。広いゆったりした流れは幅３００メートルほどもある。対岸の遠くに神居尻山やピンネシリの樺戸三山が見える。ミズバショウの季節なら山は真っ白だ。山の眺めを楽しむなら、土手の上がよい。手稲山の方向がよく見える。

木道の中間は開けたアシ原で、草原の鳥が鳴いている

木道が見えない (9/30)。手入れはミズバショウの時期だけ行われる

エゾノレンリソウ (7/12)

イヌゴマ (7/12)

親船
中「矢臼場」
←至札幌
231
石狩河口橋
至厚田
石狩市
船場町
0.5
P
WC
おやふる
生振運河
0.5
アシ原
P
木道
0.4
0.1
ミズバショウ群落
石狩川
0.8
マクンベツ湿原
508
札幌ベイ
ゴルフクラブ
P
自転車道（土手上の道）
まくんべつ
真勲別川
至札幌市北区
0
250
500
750
1000m
コースタイム
WC
←0:10→
←0:10→
←0:05→
最短コース
往復1.0km 0:30
W
N
S
E

はやむを得ない

ミズバショウの花

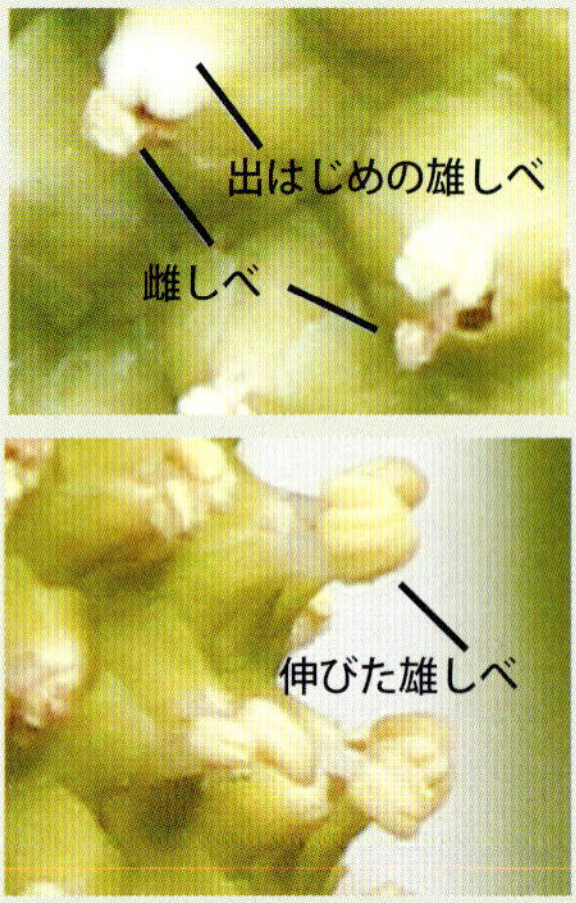

ミズバショウは白い花が印象的だが、あれは花弁ではなく葉が変形した苞（ほう）というもの。中央の黄色い柱にあるブツブツしたものが花だ。はじめに雌しべが出、その数日後にそれを囲んで雄しべが４本伸びてくる。

真勲別川ごしに見た①手稲山 ②奥手稲山 ③白井岳 ④余市岳 ⑤朝里岳 ⑥春香山 ⑦和宇尻

ミズバショウの開花時期は例年４月末だが、この写真のときは５月７日。年によって違うの

はまなすの丘《おか》公園《こうえん》（石狩市）

石狩川河口の花園

石狩川の河口に発達した砂嘴《し》の先端にある。ハマナス、イソスミレなどの海浜植物が多く、春から夏にかけて美しく咲き乱れる。

ビジターセンターから続く木道

木道周遊★★★

一周1.2キロ　0・30

石狩川が上流から運んだ土砂が堆積してできた砂嘴が海に細長く突き出ている。

毎年何度も訪れるが、大水、大波、強風などで海岸線の地形がダイナミックに変わり続けている。とても過酷な環境に適応した生命力の強い植物だけが生き残っているのだと思う。

植物はゴールデンウイークごろから咲き始める。イソスミレ、ハマハタザオから始まり、6月にはハマエンドウ、アキグミ、ハマニガナ、ハマナス、エゾスカシユリ

ビジターセンター

石狩灯台。映画になり、歌にもなった

■交通
中央バス札幌ターミナル発石狩行き、終点下車。徒歩 1.3km。
■マイカー情報
無料駐車場がある。
■公園の管理
石狩市商工労働観光課
☎ 0133・72・3167
■はまなすの丘公園ビジターセンター
4月29日から11月3日。2階に展望テラス、園内の自然と石狩灯台の資料展示、1階に名産品などの展示販売、軽食コーナーがある。

などが咲く。代表的な植物の写真は最後にまとめた。夏鳥も春早くにはヒバリ、ノビタキがやってきて、ノゴマ、オオジュリン、ホオアカ、カッコウなどがやってくる。浜には多種のシギ、チドリ類も来る。

木道を進むと、最後は作業道に出る。ここで木道を引き返さず作業道を歩いて戻ろう。

石狩川河口周遊★★★

一周3.4キロ　1・15

作業道をさらに先端に向かうと休憩東屋がある。ここから内陸に向かって細い道が延び、海岸まで続いている。ポールなどの目印があるはずだが、一時しのぎな存在なので年によって姿が変わる。海側から道に入るときには、この目印がないと分かりにくい。

海岸に出たら、砂浜を歩いて先

海岸へ下りるところに目印がある

東屋から延びる細い道に入る

石狩浜海浜植物保護センター

石狩市から受託したＮＰＯ法人が石狩浜の海浜植物の保護と啓発のため、この施設で展示、各種行事、観察園の運営を行っている。浜を歩く前に観察園で咲いている花の学習をしておくと現地で楽しめる。

開館:4月29日から11月3日。火休。

☎0133・60・6107

砂嘴の先端

端に向かう。春、晩夏はシギ、チドリに出合うチャンスなので気を付けて浜辺を探そう。

砂嘴の先端まで歩いたら、帰路の作業道の端を見つけなければならないが、目印のポールが立っているので、間違いなく見つかるはずだ。以後は作業道を歩いて出発点に戻る。ビジターセンターの建物と灯台が帰りの目印になる。

コースタイム
石狩川河口周遊
一周3.4km 1:15
砂嘴先端
目印
0:10
0:15
0:10
東屋
ビジターセンター
0:20
木道一周
0:30
木道周遊
一周1.2km 0:30
道はない
砂浜歩き
0.5
目印のポー
あり
目印のポールあり
0.9
0.4
作業道
WC
東屋
0.2
はまなすの丘公園
日本海
(石狩湾)
木道
0.3
木道
0.3
堤防上の道
石狩灯台
WC
ビジターセンター
P
0.1
P
0.5
石狩川
至石狩浜海浜植物保護センター
石狩市
浜町
車両通行不可
石狩
八幡《はちまん》
N
W
E
S
0
100
200
300
400
500
600m

園に咲く花

ハマハタザオ (5/17)

イソスミレ (5/7)

ハマナス (6/9)

エゾスカシユリ (6/9)

ヒメイズイ (6/4)

ハマエンドウ (6/4)

実 (10/6)

アキグミ (6/9)

オオヤマフスマ (6/10)

はまなすの

ハマボウフウ (7/7)

ハマニガナ (6/24)

ハマヒルガオ (7/7)

エゾカワラナデシコ (7/7)

タチギボウシ (7/7)

ノコギリソウ (7/7)

エゾノカワラマツバ (7/7)

メドハギ (8/26)

洋上はるか増毛の山

積丹岬自然遊歩道《しゃこたんみさきしぜんゆうほどう》（シララの小道）（積丹町）

美しい眺望にはこと欠かない

断崖を見下ろし、遠くに増毛の山を見ながら積丹岬へ向かうハイキング道は北海道でも最高級の楽しさだ。

幌武意から積丹岬★★★

片道6.0キロ　2・10

このコースは美しい海岸風景と眺望に恵まれ、北海道でも有数の名コースだと思う。札幌からも遠くないのに、意外に存在を知られていない。

コースを端から端まで味わい尽くすため、幌武意入口から入り、積丹岬の先端まで歩いてみよう。短縮したければ中間の笠泊入口から入るとよい。

歩く時期のお勧めはやはり春。4月下旬、幌武意入口から入ったとたん、エゾノリュウキンカ、キクザキイチゲ、カタクリなどが迎

■交通

小樽駅発中央バス神威岬行き、積丹幌武意下車。幌武意入口まで徒歩 700 m。

同バス積丹入舸下車。積丹岬入口まで徒歩 700 m。笠泊入口まで徒歩 1.1km。

■マイカー情報

積丹岬入口と笠泊入口には駐車場がある。幌武意入口には駐車場はないが、近くに空き地がある。ただし、夏以降は雑草が茂って止められないこともある。

■遊歩道の管理

積丹観光協会
☎ 0135・44・3715

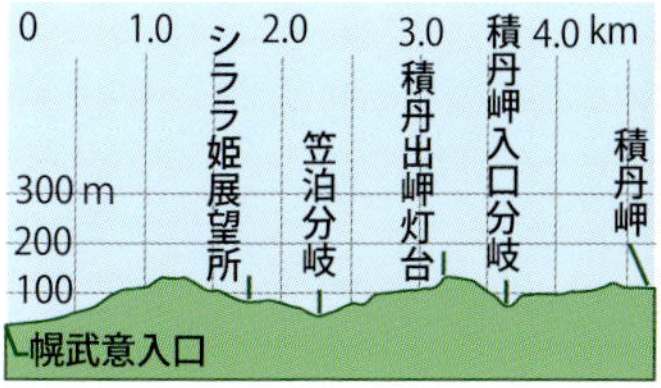

えてくれる。
さらに進むと海岸の崖を見下ろす縁に出る。しっかりした道なので、危険なことは一切ない。樹木がほとんどないので視界のよさは抜群だ。
女郎子岩は北海道によくある義経伝説の一つで義経の後を追ったアイヌ民族の娘が海に入り、岩になったというもの。まさしく娘の姿をしているからうなずきたくなる。
海岸に沿った崖上の遊歩道は、左手に積丹岳を見ながら、ピークを巻いたり、上を越えたりして進み、笠泊入口からの道と合流し、灯台を越えて、積丹岬入口の駐車場へ下りる道との分岐に着く。そのまま下りてもよいが、直進して岬に行ってみよう。台地の上なので、眼下に特別な眺望が広がるわ

N
W
E
S
0
500
1,000m
.9
91
笠泊
女郎子岩
ピリカ岬
0.7
80
笠泊分岐
0.6
海岸美が素晴らしい
138.3
1.7
シララ姫展望所
笠泊入口
P
913
積　丹　町
1.3
142
春は花が多い
駐車可能な空き地
幌武意入口
幌《ほろ》武《む》意《い》町《ちょう》
「積丹幌武意」
中
至美国
コースタイム
積丹岬
←0:20→
←0:30→
笠泊分岐
←1:00
0:45→
0:15
0:20
積丹岬入口
0:15
0:20
←0:15→
笠泊入口
←0:20→
幌武意入口
幌武意から積丹岬
積丹岬入口で終了
6.0km 2:10

日本海
出岬
島武意
島武意海岸展望台
積丹岬入口
積丹出岬灯台
0.4
0.2
P
WC
積丹岬
電波塔群
108
1.1
120.4
0.7
ルシ岬
「積丹入舸」
中
0.8
入舸町《いりかちょう》
積丹町《しゃこたんちょう》
120
133
日司町《ひづかちょう》
至神威岬

歩き始めからカタクリなど春の花がたくさん (4/29)

積丹出岬灯台

幌武意入口から川を渡る

けではなく、幾つかの電波塔を見るだけの極めて平凡なフィナーレである。

岬の先端部から入舸に下りる道はないので、同じ道を歩いて積丹岬駐車場に下りると、食堂、トイレがある。小さなトンネルをくぐると島武意海岸展望台に出る。荒々しい海岸部を楽しめるし、ジグザグ道で海岸まで下りることもできる。

さて、問題はスタート地点の幌武意入口までの帰り方だ。一度車道を歩いて戻ったことがあるが、やはり退屈で遠い。バスも都合よい時刻に走っていない。できたら2台の車で行き、1台は目的地の積丹岬駐車場に置いておくのが最も楽な方法だ。

海沿いの丘陵地帯を進む

シララ姫の化身「女郎子岩」

義経の後を追った娘が姿を変えたといわれる女郎子岩。積丹観光協会が現地に設置した案内板によると、北へ向かう途中で大しけに遭った義経主従が、やっとの思いで入舸にたどり着き、傷ついた義経を首長の娘「シララ姫」が看病するうち、2人は互いに恋思う間柄となったが、傷が癒えた義経は再び船出しなくてはならなかった。

シララ姫は涙に濡れ、声を枯らして義経の後を追ったが、その思いはかなわず、大波に飲み込まれてしまったという。その直後に現れた岩を誰もがシララ姫の化身と信じ、誰言うともなく「女郎子岩」と呼ばれるようになったそうだ。

シララ姫展望所から女郎子岩がよく見える

遊歩道からは①積丹岳 ②余別岳が常に見える

神威岬の沖に立つ神威岩

神威《かむい》岬《みさき》遊《ゆう》歩《ほ》道《どう》（積丹町）

振り返れば積丹の山

かつては命がけで海岸を歩き、灯台を保守していたそうだ。現在は遊歩道が整備され、楽に岬へ行くことができる。

神威岬往復★★★

往復2.0キロ　1・00

積丹半島の先端には二つの大きな岬がある。積丹岬の遊歩道は緑豊かな温和な雰囲気があるが、神威岬はむき出しの荒々しさが魅力といえる。風当たりも強く、道路が閉鎖されることもある。強風時はあらかじめ観光協会のサイトを確認しておきたい。

多くの人は神威岬の先端を目指すが、観光地だからと侮ってはいけない。手すりはあるのだが、かなりの落差を上り下りするし、高度感があるので、高所が苦手な人には怖いかもしれない。そんな人

神威岬駐車場

女人禁制の門

■交通

小樽駅発中央バス神威岬行き、終点下車。
札幌駅からも高速バスが１便あり、到着１時間後に折り返す。少し気ぜわしいが歩ける。
同バス岩内ターミナル発神恵内線、終点下車。
中央バスの定期観光バス「絶景積丹岬コース」（札幌・小樽発）を利用しても 70 分の散策タイムがある。

■マイカー情報

無料駐車場がある。手前のゲートを通るのに季節ごとに決められた時間があるので注意。

■遊歩道の管理

積丹観光協会
☎ 0135・44・3715

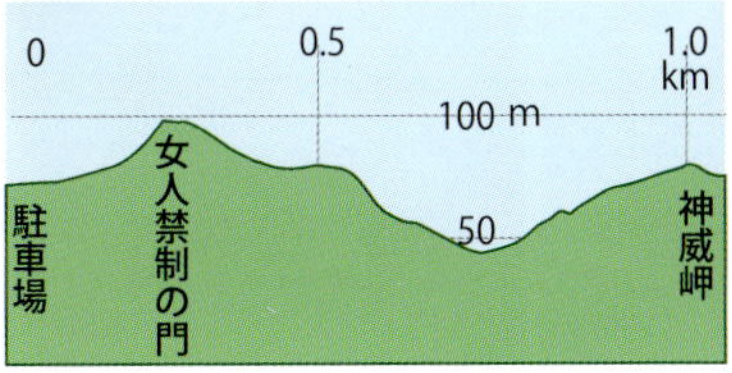

は下りが始まる地点の女人禁制の門から眺めを楽しんでおしまいにしたほうがよいかもしれない。また、強風のときはこの門が閉鎖される。

　岬へ向かう一本道の脇には季節に応じてエゾカンゾウ、エゾカワラナデシコ、ハマフウロなどが咲く。花の散歩コースとしても魅力である。

　先端部に神威岬灯台がある。1888年（明治21年）に設置され、現在のものは2代目だそうだ。

　灯台の70メートル先で行き止まりだ。果てしなく広がる海に岩礁が延び、大きな神威岩がそそり立つ。これも義経を慕うアイヌ民族の娘チャレンカが身を投げてできた岩だそうだ。義経もあちこちで罪なことをしているものだ。

　さて、歩いてきた方を振り返る

岬へ向かう遊歩道

ノコギリソウ (9/3)

ハマフウロ (9/3)

ツリガネニンジン (8/17)

と積丹半島の山々が見える。左から積丹岳、余別岳、珊内岳、右端が大天狗山だ。札幌からは見えない山々なので、新鮮な景色だ。

北側の海岸を見ると、崖の基部に念仏トンネルが見える。灯台の運営にあたる人はこのトンネルと波打ち際を通っていたわけだが、その後は観光客もこの海岸沿いのルートを歩いて神威岬の先端まで来ていた。現在は波が危険なため通行禁止である。私は2度歩いた経験がある。念仏トンネルは出口が見えず真っ暗なので本当に怖かった。

太平洋戦争で使われた電磁台（電波探知機）跡

0 100 200 300 400 500m
W N S E
神威岬
神威岬灯台
日 本 海
急な階段を上り下りしながら進む
0.8
女人禁制の門
強風のときは閉鎖
電磁台
0.2
念仏トンネル
昔のコース。現在は通行止め
展望台
WC
P
展望台
一般車
売店・食堂
中「神威岬」
P
バス
100
ゲート開放時間
夏季はおおむね
8:00~17:00
(季節、天候により変更あり)
至美国
229
至神恵内
コースタイム
神威岬
←0:30→
神威岬往復
★★★
往復2.0km 1:00
P

↓神威岬の先端

岬の先端部から振り返ると、①積丹岳 ②余別岳 ③珊内岳が見える

念仏トンネル

1912 年（大正元年）、神威岬灯台の台長の妻ら 3 人が荒波にさらわれて死亡した。それがきっかけで、地元の人たちは二度と事故が起きないように手掘りでトンネル工事に着手し、18 年に完成した。途中で進路が大きく曲がっているため真っ暗で先が見えず、手探りで進まなければならない。現在は通行禁止だが、岬の先端からトンネルの入口を見ることができる。

鏡沼の一帯に湿原が広がる

ニセコ山系《さんけい》鏡沼《かがみぬま》（倶知安町）

浮島が風であちこちへ

ニセコアンヌプリの中腹にある小さな湿原。登山の途中に立ち寄るが、湿原だけを目的に登っても楽しい。

HANAZONOコース★★★

片道2.4キロ　上り0・50　下り0・40

このコースはニセコの山頂ではなく、途中にある美しい沼を目指す。道は迷いやすい場所もなく、沼と湿原が一体となった景色が美しいので、満足度は高いだろう。

ゴルフ場のすぐ先に登山口があり、登山ポストがある。ジャコ川の流れに沿って道が延び、緩やかな傾斜で高度を上げていく。途中にもオオバミゾホオズキ、タニギキョウなど山の花が現れるので、調べながら歩くとよいだろう。

標高差２００メートルを稼ぐと鏡沼だ。風のないときには正面の木々

ゴルフ場の先に登山口がある

橋を２回渡る

植物を写しながらのんびり登山

■交通

路線バスはない。

■マイカー情報

ゴルフ場の駐車場のうち、登山者は道路寄りを使ってよいとのことだ。

58号コースは駐車場がない。道路脇に広がった部分に止めるが駐車できる台数は少ない。

■コースの状況

倶知安町観光課
☎0136・23・3388
ニセコ町五色温泉インフォメーションセンター
☎0136・59・2200
※不在のときもある
6月~10月 9:00~17:00

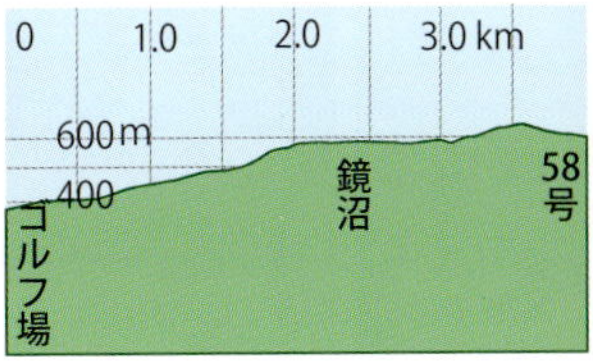

が鏡に映したように見えるのが名の由来だろう。風であちこちに動く浮島もある。沼の付近一帯は湿原になっていて、木道で一回りできる。6月には真っ白なワタスゲが一面を覆い、イソツツジ、ホロムイイチゴ、ツルコケモモなどが咲く。見上げるとニセコアンヌプリがそびえる。

58号コース★★★

片道1.5キロ　上り0・40　下り0・40

五色温泉へ向かう道道58号の道路脇に登山口を示す看板と登山ポストがあり登山道が始まる。別の道として、道道を100メートル進むとスキー場の管理道路があるので、そちらを歩いてもよいが、鏡沼よりかなり高い場所に出る。遠回りではあるが、渡渉の必要がないので初心者には安心と思う。

58号コースの登山道は斜面に平

一面のワタスゲ (6/30)

エゾノヨツバムグラ (6/30)

タニギキョウ (6/30)

オオバミゾホオズキ (6/30)

行に延びているので、登りの苦労はいらない。問題は渡渉があること。時に木を並べて橋状にしていることもあるが、すぐに流される。若者なら飛び石伝いで簡単に渡れるだろうが、バランスの悪い人はつえで支えて確実に渡りたい。濡れても足首程度なので靴を脱いで渡ってもよいだろう。雨後なら当然増水を考えなければならないので、状況によってはコースをＨＡＮＡＺＯＮＯに変更するとよい。

　帰路に管理道路を使う場合は、アンヌプリへ登る道を標高差で１００メートル上がらなければならない。かなりきつい登りなので、十分検討したい。車道沿いにも花は多く、シラタマノキ、ベニバナイチヤクソウ、タニウツギなどいろいろな植物を楽しむことができる。

0 200 400 600 800 1000m
N
W
E
S
硫黄川
502
58
HANAZONO GOLF
ジャコ川
倶知安町
橋
444
P
(360)
HANAZONO コース
橋
370
駐車場なし。
道路脇に数台
(590)
58号コース
2.4
506
ニセコ HANAZONO リゾート
至
632
1.5
鏡沼
(580)
616
山
家
管理道路
渡渉
695
降雨後は水量が
多いことがある
至ニセコアンヌプリ
コースタイム
58号コース
★★★ 片道1.5km
上り0:40 下り0:40
道道 58 号
←0:40→
鏡沼
ゴルフ
←0:50
0:40→
HANAZONO コース
★★★ 片道2.4km
上り0:50 下り0:40

増水時は渡渉に注意が要る

道道 58 号の登山口

コバノトンボソウ (7/8)

ホロムイイチゴ (6/30)

ツルコケモモ (6/30)

鏡沼から見るニセコアンヌプリ

風で動き回る浮島

寒冷な地域の湿地では枯れた植物は分解されにくく、年々積み重なる。その結果できたのが高層湿原だ。水辺が対流や風で刺激され、浸食されると一部がちぎれて浮島となる。

風を受けると動くため、風の向きによって、あちこちへ移動する。この写真はニセコアンヌプリの山頂から写した鏡沼だが、わずか30分で浮島がこんなに動いている。

170 mの奥行きがある神仙沼

ニセコ山系《さんけい》・神仙沼《しんせんぬま》から長沼《ながぬま》へ（共和町）

新緑も紅葉も美しい

短時間で本格的な山岳湿原を楽しめる神仙沼。夏の高山植物、秋の紅葉とドラマチックに変化する。

神仙沼★★★
上り1.0キロ 0・25　下り1.2キロ 0・30

登山口の標高が750メートルと高いので、6月中はコースに残る雪に注意したい。その後夏山シーズンを経て10月中旬に紅葉のピークを迎える。ダケカンバが黄色い葉を落とした姿もまた美しい。10月下旬で道道が通行止めになり、ハイキングシーズンは終わる。

神仙沼までの標高差はわずかしかなく短時間で登れる。子どもから高齢者まで少しの労力で山岳景観を楽しめるのはありがたい。ただし濡れた木道は滑りやすく、転倒者も多い。木道の傾斜がなくて

道道を渡って登山が始まる

ハイマツ、ウラジロナナカマドなど
高山性の樹木のなかを歩く

■交通

ニセコバス、ニセコ線五色温泉郷行き、神仙沼レストハウス下車。季節運行で、7/14～7/29土日祝、7/30～8/24毎日、8/25～10/14土日祝(2018年の例)。1日2便で、2時間ほど自由な時間がある。

■マイカー情報

無料駐車場がある。

■コースの状況

共和町産業課商工観光係
☎0135・73・2011内127
ニセコ町五色温泉インフォメーションセンター
☎0136・59・2200
※不在のときもある
6月~10月 9:00~17:00

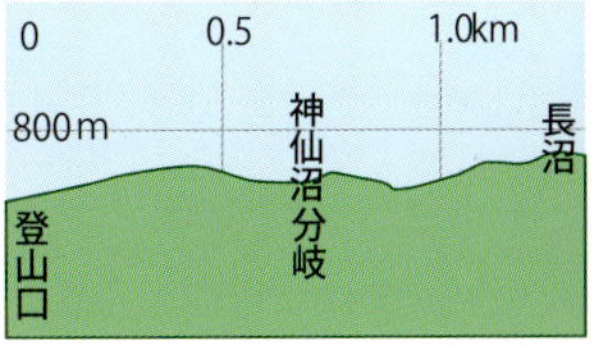

も滑り止めが必要だ。

神仙沼までは樹林の中を歩くが、ハイマツが交じり、高山的な雰囲気も感じる。神仙沼への分岐を左に折れるとすぐに平たんな湿原が始まる。季節に応じてワタスゲ、タチギボウシ、ヒオウギアヤメなどが入れ替わりながら咲く。長径170メートルもある大きな神仙沼を見たら、湿原を巡って帰ろう。

神仙沼・長沼★★★

上り2.1キロ　0・55　下り1.3キロ　0・30

神仙沼だけで物足りない人は長沼まで足を延ばそう。この池は人工池で、正面のチセヌプリを水面に映している。道はシャクナゲ岳まで続いているが、長沼からさらに片道1時間20分を要するので、ついでに登るには負担が大き過ぎる。本格的な登山の準備をして臨みたい。

0
200
400
600
800
1000m
㊁＝ニセコバス
N
W
E
S
コースタイム
レストハウス
神仙沼
神仙沼
上り1.0km 0:25
下り1.2km 0:30
神仙沼・長沼
上り2.1km 0:55
下り1.3km 0:30
長沼
0:15
0:15
0:10
0:15
中ノ川
853
「大谷地」(乗車)
※バス停標識はない
(750)
フサスギナ、オオバタチツボスミレなど植物多し
降車)
大谷地
2.0
839
984
大沼
−850−
66
1016
832
北口
1.0
1.0
倶知安町
ニトヌプリ
1080
至五色温泉、蘭越

神仙沼自然
休養林展望台
755.0
岩内方面の眺めがよい
レストハウス
WC
P
(750)
「神仙沼レストハウス」
1.0
0.7
783
神仙沼
0.5
760
0.3
湿原内は
左回り
一方通行
1.0
至新見峠、岩内
66
神仙沼・長沼分岐
0.6
長沼
共和町
780
シャクナゲ沼
980
通称ビーナスの丘
1.3
0.2
0.8
1074
シャクナゲ岳
881
チセヌプリ
113
蘭越町
チセヌプリ分岐
0.4
0.7

雨後の木道は滑りやすいので注意

神仙沼の展望デッキ

秋には湿原が黄金色に染まる (9/23)

ダケカンバの冬枯れがとても美しい (11/5)

長沼からチセヌプリを望む。渇水時の様子だが、雪解け時は登山道が水没する

大谷地を散策

神仙沼の近くに大谷地という広い湿原がある。見た目は広いササ原だが、登山道脇には湿地性の植物を中心にいろいろな植物が見られる。時間があったら寄ってみたい。フサスギナがあり、オオバタチツボスミレ、コバイケイソウなどが咲く。

オオバタチツボスミレ (7/3)

大谷地の全景

フサスギナ (7/3)

公園内の湧き水から生まれたユカンボシ川の流れ

恵《え》庭《にわ》公《こう》園《えん》（恵庭市）

湧き水から生まれる川

650㍍四方とそれほど広くはないが、湧き水から川が生まれ、珍しい植物を育てる魅力ある公園だ。

公園周遊★★★
一周2.1㌔　0・45

公園内の湧き水を水源とするユカンボシ川は6㌔先で千歳川に注ぐが、その水はそのまま飲めそうな清さで、この公園の最大の魅力である。また太平洋側と共通の植生なので、札幌では見られない植物が見られるのも面白い。

園内には整備された遊歩道が網目状に延びており、危険箇所はない。残念なのは遊歩道網のどこを歩いているかを示す地図板が要所要所に設置されていないので、現在地の把握が難しいことだ。

公園全体としては地形が平たん

イカル (5/27)

■交通

ＪＲ恵庭駅から徒歩 1.8km。または同駅から、えにわコミュニティバスで恵庭公園下車。

■マイカー情報

無料駐車場がある。

■公園の管理

恵庭まちづくり協同組合
☎0123・29・4836

快適な園内の遊歩道

で、植生も単調で場所による変化が少ない。歩くにあたってはユカンボシ川の流れが見られるコースがよいだろう。設定コースもそのように組んでいるが、川を横切るだけで、川に沿って歩く部分がないのが残念だ。コースに組まなかったが、下流部では駒場町の住宅地脇に歩道が延びていて200㍍ほど歩けるようになっている部分がある。

　植物でうれしいのはサクラスミレとホソバノアマナが見られることだ。サクラスミレは大型の美しいスミレだが、入口に割に近い場所1カ所に集中している。詳しくは書けないが、さてどこだろう。

　野鳥も多い公園だ。常連のカラ類のほかに、キビタキ、オオルリ、イカル、コムクドリ、アオジなど、各種の野鳥を見ることができる。

ムラサキケマン (5/27)

サクラスミレ (5/27)

キビタキ (6/1)

コムクドリ (5/27)

アオジ (6/1)

清流に咲くチトセバイカモの花

バイカモの仲間は清流でしか生きられない。恵庭公園から3kmほど離れた茂漁（もいさり）川では珍しいチトセバイカモの花が見られる。花期は7月末から8月。恵庭市の特産種というわけではないが、街の中を清流が流れ、あちこちで花が見られるのは誇りだろう。

ホソバノアマナ (5/27)

至恵庭駅 1.6km
恵「白樺町２」
恵「白樺町１」
恵「恵庭公園」
管理事務所
グラウンド
白樺町
P
陸上競技場
野球場
WC 水
テニスコート
恵庭公園
相撲土俵
恵庭公園遺跡案内板
ユカンボシ川
乳牛感謝之碑
恵庭市駒場町
畑
陸上自衛隊恵庭駐屯地
コースタイム
公園周遊
一周2.1km
0:45
0:15
100
170
200
190
80
120
160
140
100
220
160
230
90
250
110
100
130
170
220
190
190
100
150
290
180
190
160
N
W
E
S
距離
m
0
100
200
300
400m
恵 ＝えにわコミュニティバス

鹿公園《しかこうえん》（安平町）

静かで植物が豊か

地理的に都市圏から離れているのでとても静か。公園の山地側は人と出会うことも少なく、静かな散策を楽しめる。

鹿公園の入口。直進するとホタル池に出る

公園一周★★★
一周2.1キロ 0・40

公園はかなり広く、市街地側はホタル池、キャンプ場、エゾシカの丘など、人工的な施設が配置されているが、その背後の広い山林は自然のままだ。遊歩道が縦横に張り巡らされ、自然を楽しめるようになっている。山林は広過ぎず、歩き回るには程よいサイズといえる。

ホタル池のほとりは湿地帯で広いミズバショウ群落があり、尾根筋の道は乾いた植生という具合に変化もある。

札幌近郊にはないサクラスミ

鹿公園管理棟

■交通

ＪＲ追分駅から歩道橋を通り、徒歩 600 m。

■マイカー情報

無料駐車場がある。

■公園の管理

安平町建設課土木・公園グループ☎ 0145・29・7075
鹿公園管理棟
☎ 0145・25・4488

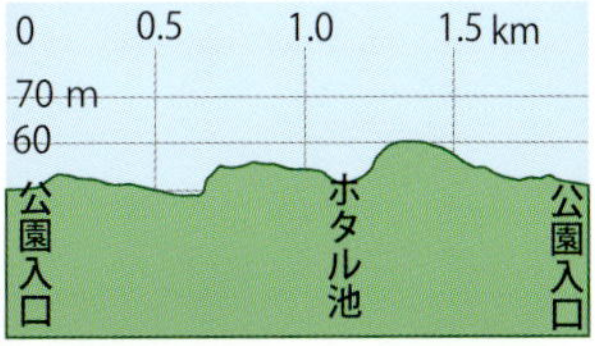

エゾシカが飼育されている

ベニバナイチヤクソウ (6/7)

レ、ヒナスミレがあり、トケンランの大群落もあちこちにある。

全コースを歩いても2時間はかからないと思うが、湿地や尾根道、植生の変化を考慮して、公園をほぼ一周するコースを設定してみた。シーズンを通し、人と出会うことはほとんどなく、静かな散策を楽しめる。

カッコウの小路から旅のミニ資料館まで足を延ばすコースも野性味豊かでよいが、資料館は常に閉鎖されている。帰りは同じ道を引き返すか、車道を歩いて公園入口へ戻る。車道はめったに車が通らないので、静かな歩行を楽しむことができる。途中で遊歩道に入ってもいい。

トンボの水辺を通って園外に出るコースは、農道を通って公園入口に戻れる。

旅のミニ資料館
（休館）
200
90
300
カッコウの小路
300
キタキツネの小路
20
ミズバショウ
群生地
100
100
320
ベニバナイチ
ヤクソウ多い
ユキウサギの小路
墓地
40
60
90
170
ホタル池
130
WC
70
浄水場
150
140
40
エゾシカ
の丘
110
エゾシカの小路
せらぎ広場
憩いの広場
190
50
追分青葉
200
エゾシカの小路
パークゴルフ場
WC
キャンプ場
水
120
130
えの森
50
20
鉄道資料館
90
80
60
イベント広場
野外ステージ
50
アスレチック
管理棟
追分中央
80
第2キャンプ場
安平町
グラン
追分花園

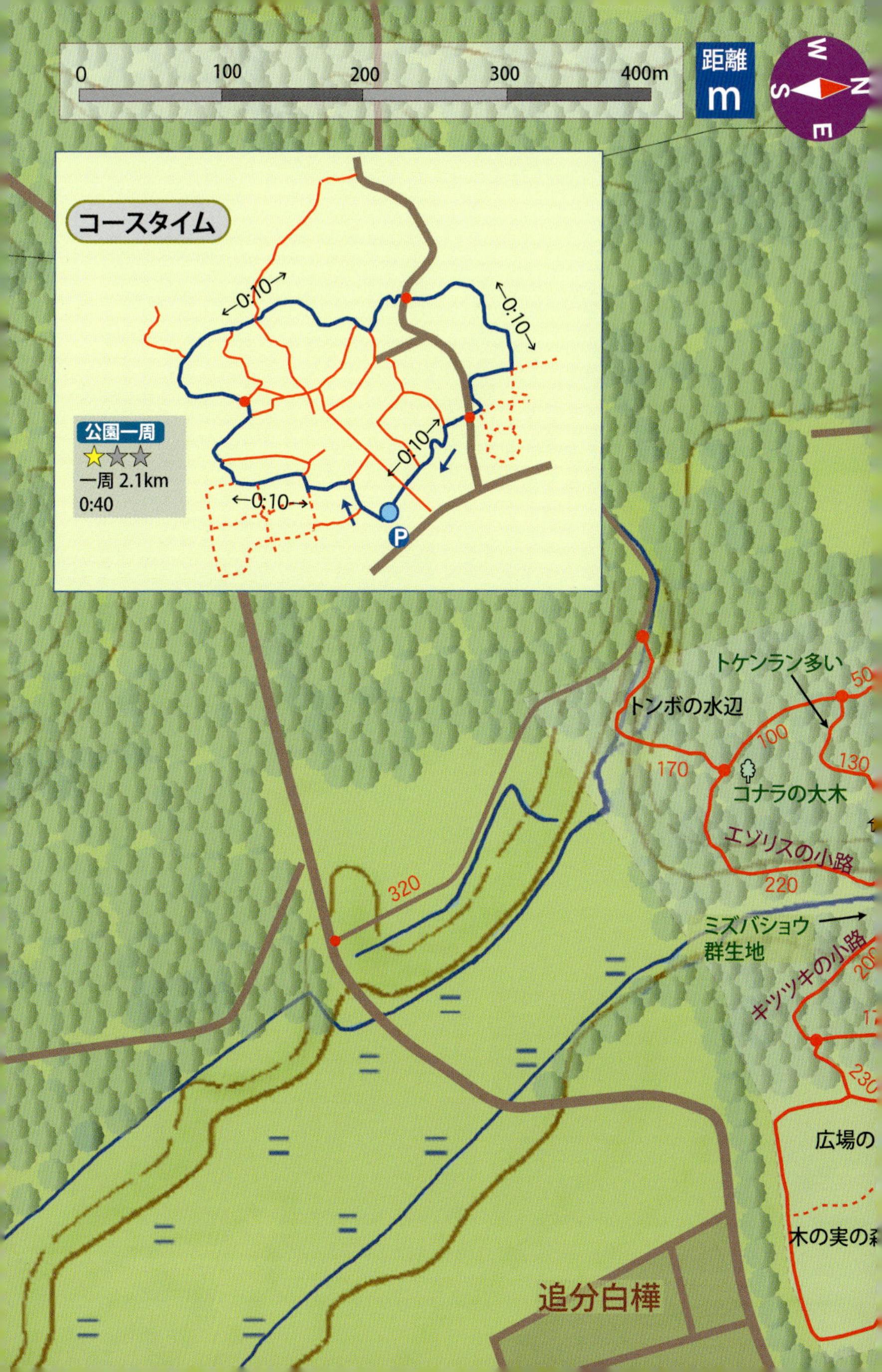
0
100
200
300
400m
距離
m
W
N
S
E
コースタイム
公園一周
一周 2.1km
0:40
←0:10→
←0:10→
←0:10→
←0:10→
←0:10→
P
トケンラン多い
50
トンボの水辺
100
130
170
コナラの大木
エゾリスの小路
220
320
ミズバショウ
群生地
キツツキの小路
200
230
広場の
木の実の
追分白樺

ほとんどの道は明瞭だが、枯れ葉に埋もれた道もある。標識ははっきりしている

トケンラン (6/7)

セイタカスズムシソウ (6/23)

ヒナスミレ (5/8)

サクラスミレ (5/24)

日本最古の保健保安林

鹿公園は 1902 年（明治 35 年）に指定された日本最古の保健保安林だ。当時の安平町追分は室蘭線と夕張線の分岐点として栄えて開発が進み、一帯の山林も切り尽くされる恐れがあった。これを心配した炭鉱鉄道会社が国に働きかけて保健保安林の指定を得たという。

公園内で見かけたエゾユキウサギ

コケイラン (6/2)

馬追名水コースの脇にはフクジュソウが咲く (4/16)

馬追丘陵《まおいきゅうりょう》・瀞台《しずかだい》と長官山《ちょうかんやま》（長沼町）

春早くにフクジュソウ

札幌から近く、名水でも有名だ。自衛隊基地が山のかなりの部分を占めているが、楽しいハイキングができる。

瀞台

馬追名水コース★★★

片道2.6㌔　上り1・05　下り0・50

瀞台への4本ある遊歩道のうち最も多くの人に登られているコースと思う。早いときは3月中旬にフクジュソウが咲きだし、春の訪れを待ち望む人に喜ばれる。

500㍍ほどで道が分かれ、左へ。その後自衛隊の車道を横切るので、敷地に入らないよう道路下をトンネルで抜ける。あとはグイグイ斜面を登り、尾根上の車道へ。

車道を左折するか、直進して遊歩道を歩くかを選択するが、楽なのは車道の方だ。二つの道は

北３号口。左は馬追名水

コルゲート管のトンネル

■交通

北３号口：長沼町営バス、富士戸下車。徒歩 600 m。
長沼線口：同バス、東９線南２号下車。徒歩 400 m。
馬追温泉口：中央バス（岩見沢－長沼）、馬追温泉下車。徒歩 200 m。
火葬場口：同上、半谷（はんや）前下車。徒歩 500m。

■マイカー情報

各登山口に駐車スペースがある。

■コースの管理

長沼町産業振興課
☎ 0123・76・8019
空知森林管理署
☎ 0126・22・1940

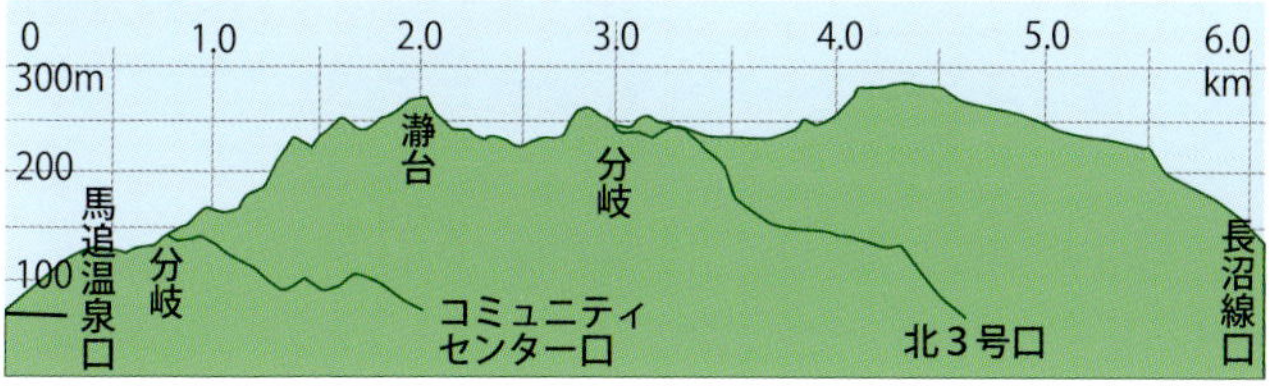

350メートル先で再度交わる。

さらに尾根に延びる遊歩道を進むと瀞台の山頂である。東側は樹林なので、視界が開けているのは西側の自衛隊敷地側だけ。ネットフェンスで仕切られているが、長沼の平野部が広がり、背後に札幌近郊の山が見える。

馬追温泉コース☆☆☆

片道2.0キロ　上り1・10　下り0・50

道道３号に面して登山口があり、駐車スペースの先に閉鎖されたゲートがある。林道と遊歩道があるので、どちらを進むか迷う人が多いようだ。

登りの途中でもこの林道と再度交わる。下りの際にも注意したい。途中でコミュニティセンター口への道が分岐するが、標識がある。

あとは問題なく瀞台に向かうはずだ。

至夕張
222
由仁町
道道夕張長沼線口
(140)
P
1.3
ダー跡
(280)
1.9
長沼線コース
町
「東９線南２号」
1008
馬追丘陵最高点
0.7
長沼町
ハイジ牧場
道道夕張長沼線
加賀団体

コースタイム
瀞台まで
長沼線コース
4.1km
上り1:40 下り1:30
馬追温泉コース
2.0km
上り1:10 下り0:50
←0:20 →0:20
←0:30→
←0:30 →0:20
道道夕張長沼線口
←0:50 →0:40
瀞台
←0:30 →0:40
長沼線コース
馬追温泉コース
コミュニティセンターコース
←0:15 →0:25
馬追温泉口
馬追名水コース
←0:20 →0:30
←0:40 →0:30
←0:15 →0:10
コミュニティセンターコース
2.3km
上り1:20 下り1:00
馬追コミュニティセンター口
北３号口
馬追名水コース
2.6km
上り1:05 下り0:50

200-201
196-197
0 200 400 600 800 1000m
至由仁
226
175.1
道道札幌夕張線
(250)
0.9
1.2
しずか
瀞台
272.7
264
1.2
長沼方向の
眺めよし
コルゲート管の
トンネルをくぐる
「馬追温泉」
(140)
馬追温泉口
(65)
0.8
馬追温泉コース
コミュニティセンターコース
1.1
航空自衛隊
長沼分屯基地
136
(75)
馬追コミュニティ
センター口
「自衛隊前」
馬追名
北3号口
(70)
「半谷前」
「富士
北5号
DHC長沼工場
「ながぬま温泉」
ながぬま温泉
馬追「コミュニティ」センター
北4号
至長沼

瀞台からの眺め。長沼の平野と、背後に余市岳など札幌の山々が見渡せる

長沼線コースのなだらかな登山道

瀞台の山頂。自衛隊のフェンスがある

長沼線コース☆☆☆

片道4.1キロ　上り1・40　下り1・30

白地の看板が目立ちにくいのだが、道道のカーブ地点を目印にすれば分かるだろう。

地図を見れば分かるように、単調に延びる尾根をまっすぐに登る。傾斜はあまりない。280メートルの丘陵最高点から少し下ると林道歩きになる。あとは名水コースと同じ道をたどって瀞台へ向かう。

コミュニティセンターコース☆☆☆

片道2.3キロ　上り1・20　下り1・00

全コースで最も利用者が少ないかもしれない。車道が改良されて登山口が分かりやすくなり、狭いながらも駐車スペースも用意された。登山道もしっかりしている。馬追温泉コースと合流するまで分岐道もなく申し分ないが、馬追温泉コースより少し距離が長い。

馬追温泉コース登山口　①遊歩道　②林道

コミュニティセンターコース登山口

馬追山はどこに？

20万分の1地勢図では馬追丘陵と書かれているが、2.5万図ではその記載はなく、特定のピークを指さずに馬追山と記載されている。

では丘陵の最高点としての馬追山はないのか。丘陵で最も高いのは、272 mの瀞台ではなく、かつてレーダードームがあった隣の280 m無名ピークだ。名も標高点も与えられていないが、ここが馬追山にふさわしいのではないのだろうか。

レーダードームがあったときの様子。ドームのすぐ右の矢印が馬追丘陵の最高点

長沼線コース登山口

サルメンエビネ (6/15)

由 仁 町
至由仁
175.1
150
長官山
254
コース
馬追温泉コース
1.6
馬追温泉旅館
（閉鎖）
馬追温泉口
(75)
「馬追温泉」
173
1.7
至瀞台
送電線
火葬場コース
長 沼 町
3
100
95.0
伏古斎苑
火葬場口
(75)
「半谷前」
伏古墓地
至ながぬま温泉
至長沼

コースタイム
文学台コース
長官山
馬追温泉コース
←0:45
→0:30
文学台口
0:15→
0:10←
←0:50
→0:40
火葬場コース
馬追温泉口
火葬場口
文学台コース
0.3km
上り0:15 下り0:10
馬追温泉コース
1.6km
上り0:45 下り0:30
火葬場コース
1.7km
上り0:50 下り0:40
200-201
196-197
WC
文学台口
マオイ文学台
眺めよし
砂利道
217
北長沼スキー場
201.5
舗装道
長沼町
マオイゴルフリゾート
N
E
S
W
0
200
400
600
800
1000m
東三線

長官山の山頂は周囲の樹木が刈り払われ、すっきりした眺めが得られる

長官山の山頂には展望やぐらがある

馬追温泉の手前右の高台から歩き始める

長官山

文学台コース★☆☆

片道0.3キロ　上り0・15　下り0・10

ほとんど山頂近くからのスタートなので、来るたびにズルをしているような気になるほど楽だ。

平たんな道を歩き、最後に少し登ると頂上だ。山頂に鉄製の小さな展望やぐらがある。以前は樹木が茂っていたが、刈り払われてすっきりした眺望が得られる。

眺めなら山頂よりスタート地点の文学台のほうがよいかもしれない。見える方角は限定されるが、札幌近郊から支笏湖付近の山々まで一望できる。山座同定のための絵看板まである。

馬追温泉コース★★★

片道1.6キロ　上り0・45　下り0・30

馬追温泉の敷地の手前に馬追自然の森の駐車場があるので、こち

火葬場コースの道 (4/18)

進入路正面の道が登山道につながる

よく手入れされた明瞭な登山道

標識は完備されている

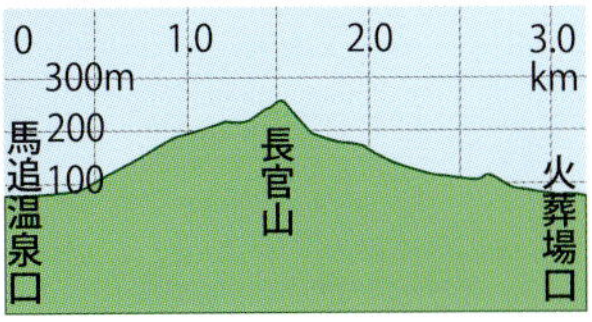

らを利用する。道路右手の高台が自然の森なので、こちらを進むと登山口に至る。春は桜がきれいだ。

沢沿いの森の中を進むと、やがて尾根登りになり、山頂に至る。

火葬場コース☆☆☆

片道1.7キロ　上り0・50　下り0・40

伏古斎苑に隣接する墓地の駐車場から登山道が延びているが、標識は見えないので分かりづらい。駐車場への進入路の正面の細い道が登山道につながっている。

標識は完備しており、送電線の鉄塔を結んで道は進む。早春はフクジュソウが多いので楽しめる。途中に枝道もなく、山頂直下の馬追温泉コースへの分岐を経て山頂に到着だ。長官山の名の由来は、1891年（明治24年）に北海道庁長官が登ったことによるそうだ。

森林の中の小径を進むと、思わぬ出合いもある

ウトナイ湖《こ》（苫小牧市）

野鳥の楽園を歩く

春と秋は渡り鳥でにぎわうウトナイ湖。野鳥だけでなく、草花や景観を楽しみながら歩ける散策路が湖畔に延びている。

ウトナイ湖周辺は国の鳥獣保護区に指定され、渡り鳥の重要な中継地になっているが、さらに日本野鳥の会が周辺の民有地を買収し、野鳥の聖域（サンクチュアリ）とした。野鳥を守るとともに、遊歩道や観察・指導施設を設けて自然の啓発活動に努めている。

ネイチャーセンター付近周遊

★★★　一周2.2キロ　0・50

ネイチャーセンターから東側を一回りするコースを設定してみた。イソシギの小径、シマアオジの小径、キタキツネの小径を通って元に戻る。湖岸に立ち寄れるし、二つの観察小屋にも立ち寄れる。

ウトナイ湖サンクチュアリ・ネイチャーセンター

ネイチャーセンター駐車場

土日祝のみ開館。日本野鳥の会のレンジャーが野鳥についての指導、観察会などを行っている。

☎0144・58・2505

■交通

札幌駅前発苫小牧行き道南バスでウトナイ団地下車。道の駅まで1.5km。

新千歳空港—苫小牧駅間の道南バスでネイチャーセンター入口下車。ネイチャーセンターまで1.2km。

■マイカー情報

無料駐車場がある。

■ウトナイ湖野生鳥獣保護センター

☎0144・58・2231

展示、野鳥観察設備がある。無料。

月曜休館（月曜が祝日のときは火曜休館）。

■道の駅ウトナイ湖

保護センターの隣にあり、野鳥グッズも扱っている。

道は木道の部分と土の道の部分がある。湖畔は時により湿るが、雪解け時期以外はそれほど悪くならない。

湖畔歩き往復☆☆★

往復3.2キロ　1・10

ネイチャーセンター付近周遊は林が主体の歩きだが、こちらは湖畔の開けた風景の中を歩く。春秋の渡りの時期はマガン、オオヒシクイ、カモ類がにぎやかだ。最盛期には観察会も催される。数万羽というあまりの多さに圧倒されるだろう。

途中、オタルマップ川を渡る。川はゆったりと流れ、湿原の川を実感させてくれる。数は少ないがハスカップも見られる。

車で来た場合は保護センターか道の駅から国道を歩くか、往路を引き返すことになる。

苫小牧市
キタキツネの小径
400
380
90
シマアオジの小径
草原の観察小屋
美々川
タスオ池
220
180
190
キツツキの小径
270
210
120
P
WC
水
湖岸の観察小屋
イソシギの小径
220
イソシギのデッキ
チョウの小径
ハクチョウのデッキ
ウトナイ湖
サンクチュアリ・
ネイチャーセンター
(土日祝のみ開館)
コースタイム
ネイチャーセンター付近周遊
一周2.2km 0:50
一周0:30
←0:10
0:10→
ネイチャー
センター
←0:30
0:30→
野生鳥獣
保護センター
←0:05
0:05→
道の駅
湖畔歩き往復
往復3.2km 1:10

0
100
200
300
400
500m
N
S
W
E
距離
m
至札幌
植　苗
「ネイチャーセンター入口」
南
ガソリンスタンド
36
オタルマップ川
卍
560
ハスカップの小径
570
マガンのテラス
野生鳥獣保護センター
100
140
190
180
P
WC
水
ハンノキのテラス
「ウトナイ湖」
道の駅ウトナイ湖
ウトナイ湖
至苫小牧

春と秋には無数の渡り鳥がやってくる（10/9)

湖畔の道は明るく開放的だ

ホザキシモツケはあちこちでたくさん咲く (7/7)

ハクチョウのデッキ

ハスカップ (7/7)

オタルマップ川を渡る。川底の赤さは鉄細菌が作り出した酸化鉄の色だそうだ

つぼみが赤くて白い花が咲くズミ（コリンゴ）が多い（5/25）

錦小沼の湿地を巡る木道

錦大沼公園《にしきおおぬまこうえん》（苫小牧市）

大沼と小沼を巡る

苫小牧市街地のすぐ西に接する好位置にある。大小二つの沼を巡るハイキングが楽しく、丘の上からは樽前山も見渡せる。

錦大沼・小沼がどうやってできたかが調べられなかったが、近くのウトナイ湖やポロト湖のように海跡湖（海だったところが取り残された地形）ではないだろうか。

錦大沼は周囲3・6キロ、錦小沼は1・5キロで、その縁に遊歩道がある。ハイキングにはちょうどよい距離だ。高低差が得られる展望広場まで上るコースもある。

錦小沼一周 ★★★

一周1.5キロ　0・30

軽めのハイキングなら小沼一周がよい。錦小沼の水中にはコウホネが咲き、湿地帯ではミツガシワや宝石のように美しいカワセミが

広い駐車場。管理事務所とトイレがある

■交通
苫小牧駅北口発道南バス03アルテン前行き、錦大沼前下車。便数は少ない。
■マイカー情報
無料駐車場がある。
■公園の管理
苫小牧市緑地公園課
☎0144・32・6500

錦大沼のほとりにある芝生広場。ここから各コースが延びている

飛ぶ姿も見られる。

錦大沼一周☆☆★
一周3.9キロ　1・20

大沼の長径は800メートルほどだが、何本もの谷が深く切れ込んでおり、それに沿って道は進むのでけっこう長い。以前は尾根上の道と湖岸の道を結ぶ木造の階段や観察施設があったが、老朽化で相次いで取り壊され、現在はシンプルなコースになっている。

常に沼を見ながら歩くが、見えるのは沼の一部だけで、広い範囲が見えないのは寂しい。スタート地点の芝生広場からは樽前山が見える。全体に単調なコースだが、ミズバショウが咲く湿地が途中にある。

コースの途中で、春にはサクラスミレ、ヒナスミレ、フイリミヤマスミレも見られるので注意した

0
100
200
300
400
500m
W
N
S
E
市有樽前放牧場
西展望広場
西樽前広場
(90)
0.5
西展望台コース
85
0.6
0.4
錦大沼公園
0.3
(60)
ミズバショウ
(83)
東展望広場
WC
.4
0.7
88
東展望台コース
40
カヌー基地
0.5
1.0
しらかば
サイト
0.2
オートリゾート苫小牧アルテン
センターハウス

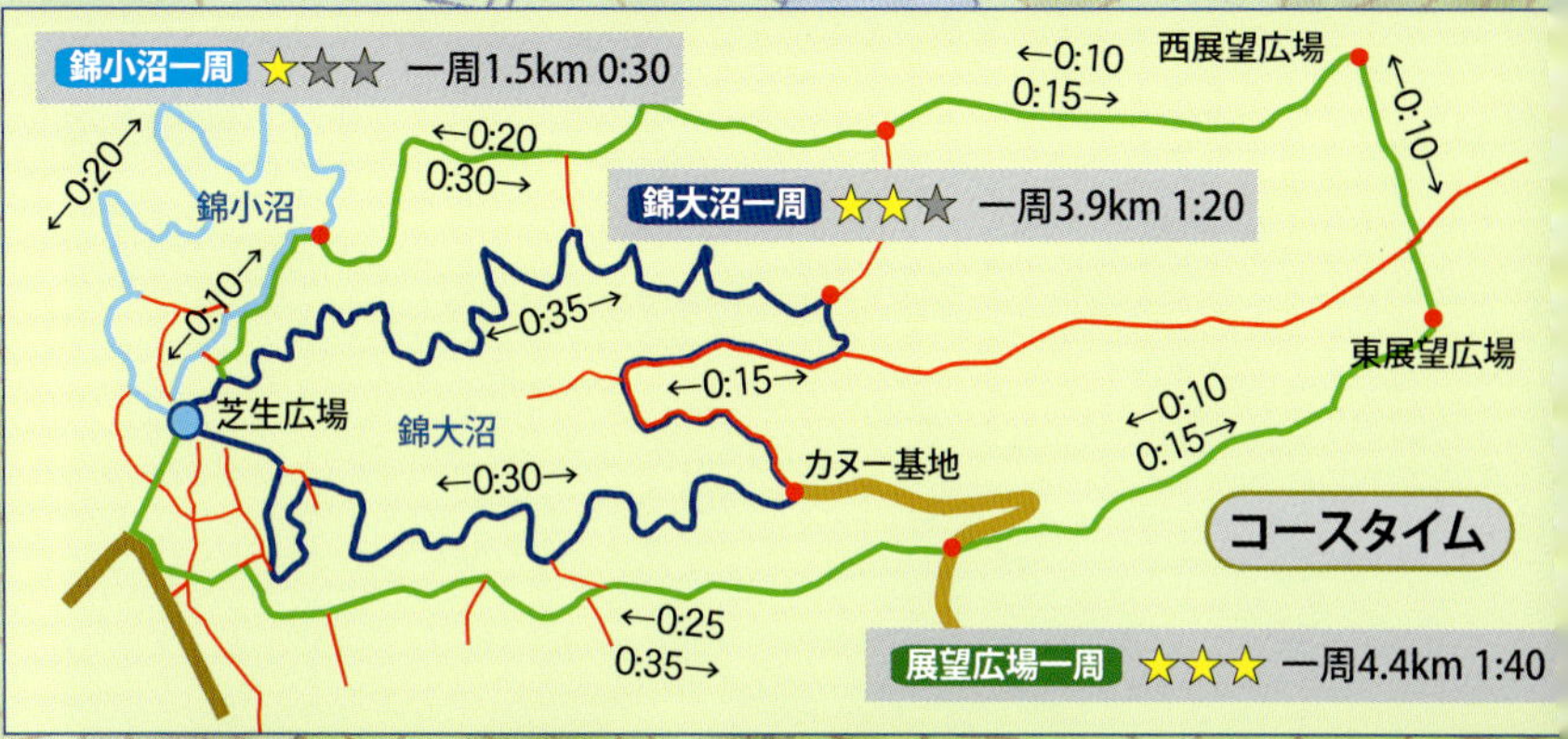

錦小沼一周 ★★★ 一周1.5km 0:30
錦大沼一周 ★★★ 一周3.9km 1:20
展望広場一周 ★★★ 一周4.4km 1:40
コースタイム
錦小沼
錦大沼
芝生広場
カヌー基地
西展望広場
東展望広場
←0:20
←0:10
←0:20 0:30→
←0:35→
←0:15→
←0:30→
←0:25 0:35→
←0:10 0:15→
←0:10→
←0:10 0:15→

錦小沼一周コース
錦小沼
錦大沼一周コース
錦大沼
湿地
八つ橋
芝生広場
八つ橋
樽前半島
見晴台
一周 0.3
おぼっぷ沼
湿原一周コース
錦大沼公園入口
錦大沼公園
樹木園
青少年キャンプ場
パークゴルフ場
覚生（おぼっぷ）川
「錦大沼前」
至 36
「アルテン前」
ゆのみの湯
47
0.5
0.1
1.0
0.2
1.2
0.1
0.2
0.2
0.1
0.2
0.2
0.1
0.2
0.5
0.5
※沼の名は「おぼっぷ」
川の名は「おぽっぷ」と
呼び方に違いがある。

錦大沼。地形が入り組んでいるので全体を見渡せない

おぼっぷ沼。木道が巡らされ、植物が多い

コウホネ (7/30)

い。

最後におぼっぷ沼を回ろう。小さな湿原で、季節によりミツガシワ（6月）、ホザキシモツケ、タチギボウシ（7月）、サワギキョウ（8月）などが見られる。湿原内は木道が整備されており、芝生広場まで続いている。

展望広場一周☆☆☆

一周4.4キロ　1・40

沼から離れて、登山系のコースを歩いてみよう。錦小沼の途中から西展望台コースに入る分岐に「西樽前広場」の標識がある。他の案内板は西展望広場、西展望台と書かれ、戸惑う。東展望広場も東展望台だったりする。

さて、尾根道を上り進めると、途中で2カ所湖岸へ下りる道があるので、途中で戻りたいときにはありがたい。全体にコースはしっ

東展望広場から市有樽前放牧場越しに見る樽前山

↓東展望台

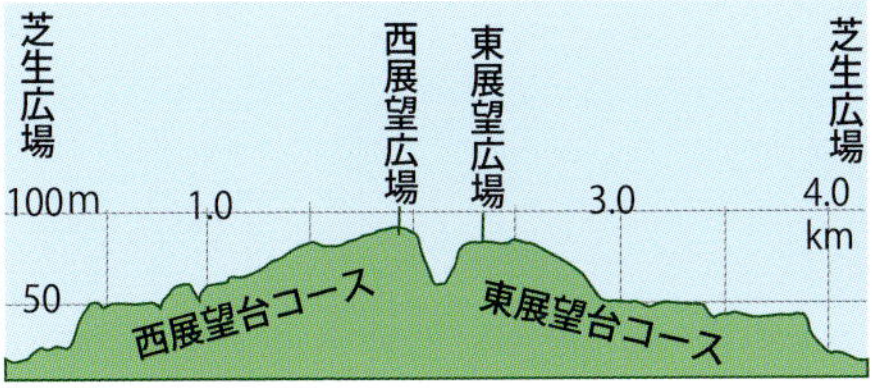

かりと整備されている。

西展望広場は緩やかな斜面の途中で、施設はなく、眺望も樹木越しだ。道は直角に右に折れて下りだす。分岐道はないので、道を間違えることはない。標高差30メートルを下って沢沿いの林道に出る。この林道を歩いて錦大沼に出ることもできる。

次は標高差23メートルを上って東展望広場に出る。ここにはやぐらを組んだ展望台がある。展望台からの眺めは樹木越しになるので、上がらずに市有樽前放牧場の縁から樽前山を見たほうがよい。

再び道は直角に折れ、尾根上の東展望台コースを下りる。カヌー基地とキャンプ場を結ぶ車道に出るので、湖畔沿いのコースに変更も可能だ。引き続き尾根道を歩くと公園入口に向かう。

トンギョの池へ向かう途中から①樽前山②風不死岳③恵庭岳

高丘森林公園《たかおかしんりんこうえん》（苫小牧市）

樽前山麓に広がる森

苫小牧の都心部に接する森林公園。樽前山、恵庭岳、ホロホロ山、オロフレ山などの眺めもよい。

錦大沼公園と同じく、樽前山麓の丘陵を利用した自然公園だ。森林の下にササが生えないので、明るくすっきりしている。

２０１８年から道央自動車道の苫小牧中央インターチェンジ（仮称）が公園内で建設中で、21年春の完成時は既存のコースがかなりなくなった状態で再整備されることになる。工事に関係のない区域は現在も歩行可能なので、その範囲でコースを組んだ。ミズナラ広場の入口は使えないので、金太郎の池出発のみとなる。

トンギョの池往復★★★

行き2.4キロ０・50　帰り3.1キロ１・00

金太郎の池からスタート

展望広場へ上る道

■交通

苫小牧駅前発道南バス25 勇払線で総合運動公園下車。徒歩 1.3km。同バス 03 鉄北北口線苫小牧駅北口発苫小牧営業所行き、総合運動公園下車。

■マイカー情報

金太郎の池前に無料駐車場がある。

■公園の管理

苫小牧市緑地公園課
☎ 0144・32・6500

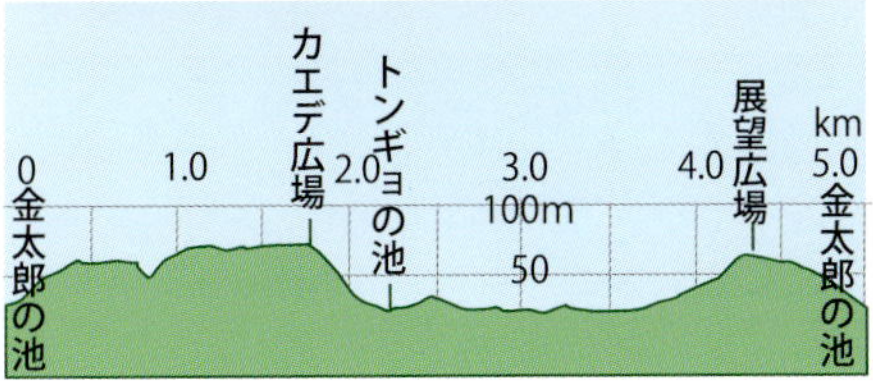

金太郎の池前の駐車場からスタート。金太郎の名は沢の上流部で炭焼きをしていた人の名からきているという。池の縁の道を進むと丘陵の裾に接し、展望広場へ向かう標識がある。

上りきった尾根のピークに展望広場がある。樹林の中だが、視界は広く、樽前山、ホロホロ山、オロフレ山などが遠望できる。その50㍍先に、左に分岐する道があるが、本コースを逆回りするときはここから入る。さらに50㍍先で送電線下を通るが、その下に管理のための小道があり、ハイキングにも使われている。

高速道路の上を橋で渡り、さらに尾根道を進み、アオダモ広場で右に分岐する道があるが、直進する。途中、林道に出る辺りで支笏湖方面の山々が見える。樽前山、

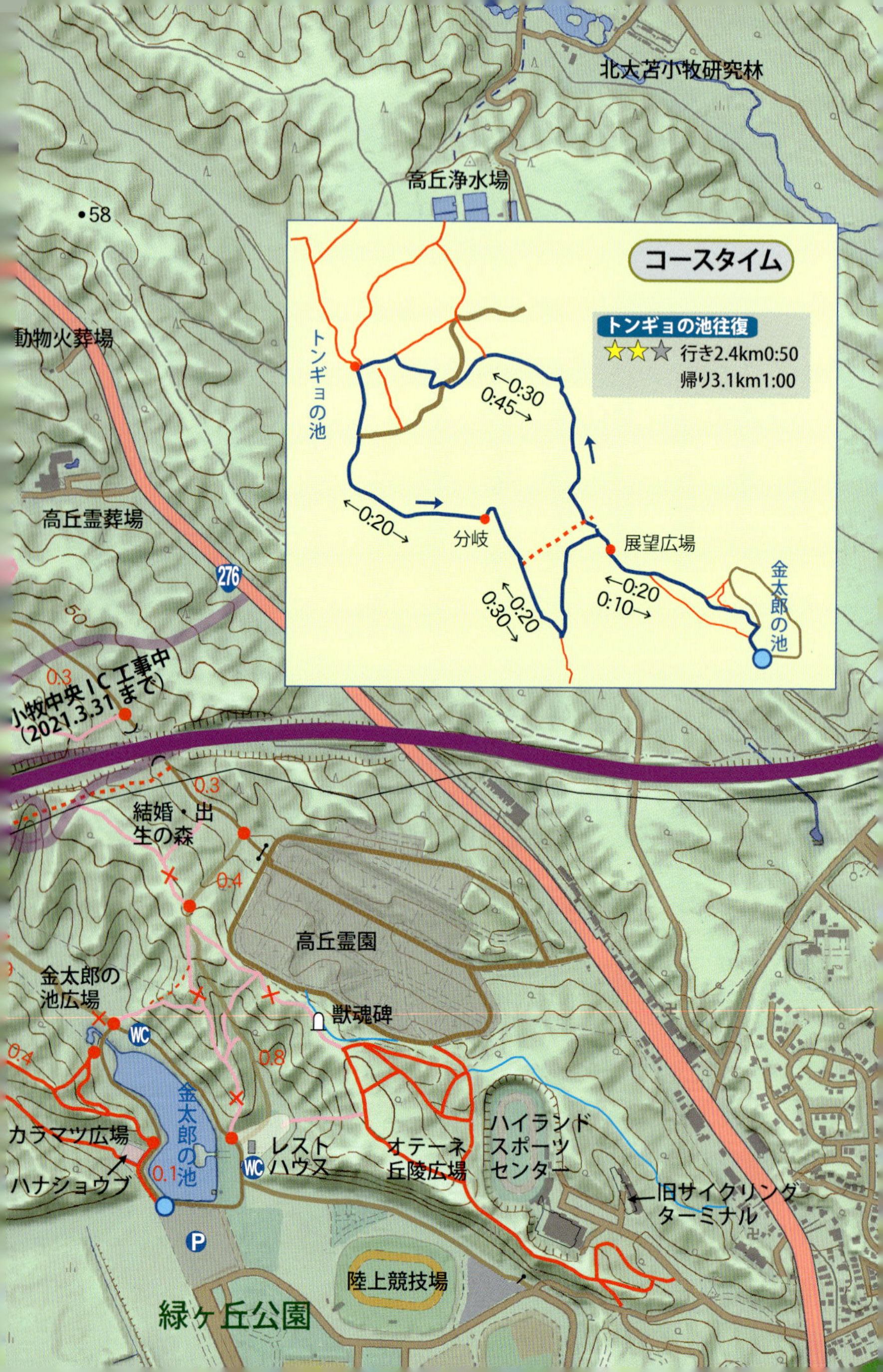
北大苫小牧研究林
高丘浄水場
•58
動物火葬場
高丘霊葬場
276
50
コースタイム
トンギョの池往復
行き2.4km0:50
帰り3.1km1:00
トンギョの池
←0:30
0:45→
←0:20→
分岐
展望広場
←0:20
0:10→
←0:20
0:30→
金太郎の池
0.3
小牧中央IC工事中
(2021.3.31まで)
0.3
結婚・出生の森
0.4
高丘霊園
金太郎の池広場
WC
獣魂碑
0.8
0.4
カラマツ広場
ハナショウブ
0.1
金太郎の池
WC
レストハウス
オテーネ丘陵広場
ハイランドスポーツセンター
旧サイクリングターミナル
P
陸上競技場
緑ヶ丘公園

ミズナラ広場
至支笏湖
高丘第二霊園
鋼製枠構造堰堤
砂防ダム
サクラ広場
ハスカップ園
ホオノキ広場
カエデ
広場
中央広場
アオダモ
広場
しらかば広場
トンギョの池
マカバ広場
高丘森林公園
樽前山、恵庭岳、紋
別岳などが見える
細い道の入口
に標識なし
送電線管理道
道央自動車道
展望広場
樽前山、ホロホ
山などが見える
廃道
N
S
W
E
0
250
500
750
1000m

トンギョの池

高速道路を橋で渡る

風不死岳、恵庭岳、紋別岳と並ぶ。林道を突っ切って直進するとしらかば広場だ。広場の端にトンギョの池がある。文字通り、トンギョ（イトヨ、トミヨなどの俗称）がたくさん泳いでいる。東屋もあるので、絶好の休憩ポイントだ。

帰路は林道を南にたどる。林道は300㍍で左へ折れるが、直進する細い歩道を進む。ずっと森林の中で、山奥深い感じのある道だ。1㌔歩くと広い車道に出る。この車道と歩道の交点には標識がないので、逆コースの場合は細い道の見落としに注意が要る。堤防の端を回り込んで高速道路下のトンネルを通る。

さらに350㍍進むと分岐がある。標識があるから間違えることはないが、直進すると急に開けて湿原の林道に出るので間違いに気付くはずだ。
分岐から５００㍍坂道を上ると行きに通った展望広場に戻る。

展望広場から見た①来馬岳 ②オロフレ山 ③ホロホロ山 ④樽前山

トンギョの池への標識のない分岐

トンギョの群れ

鋼製枠構造堰《えん》堤

見慣れた砂防ダムはコンクリート製だが、鋼鉄の枠に玉石を詰め込んだ方式のダムが公園内にある。コースから少し外れるが、容易に行くことができる。
地盤が悪い場所でも短期間で造ることができ、流水と細粒土砂は通過させるので寿命が長いそうだ。

ポロト自然休養林《しぜんきゅうようりん》（白老町）

ポロト湖畔と丘陵歩き

ポロト湖畔とその奥に広がる丘陵を巡る。湖、湿原、尾根と変化ある地形と植生を楽しむことができる。

ポロト中央入口から見たポロト湖と樽前山

ポロト湖畔では民族共生象徴空間の建設工事が行われており、２０２０年完成予定だ。それに伴い、湖畔にあったポロト温泉はポロト中央入口の広場に場所を変えて建設され、これまで駐車できていた場所はなくなる。

ポロト湖畔一周★★★

一周6.9キロ　2・20

湖畔の車道は２・５キロ先のビジターセンターまで延びているが、景色が美しく、道の脇に植物が多いので歩く人が多い。

歩き始めてすぐ左の尾根に上がる登山道がある。遊歩道として扱われていない尾根上の道でシラネ

湖畔の車道脇の歩道を歩く人が多い

インフォメーションセンターに駐車できる

■交通

ＪＲ白老駅下車。ポロト中央入口まで徒歩 700m。

■マイカー情報

ポロト中央入口の 200m 先のインフォメーションセンターに駐車場がある。

■自然休養林の管理

胆振東部森林管理署
☎ 0144・82・2161
白老町経済振興課
☎ 0144・82・8214

アオイやフチゲオオバキスミレがたくさん見られる。北海道栄高校に出て、車道を戻ることができる。尾根上の道はさらに延びているが、終点は確認していない。

湖畔をさらに進むとインフォメーションセンターがあり、車利用の場合はここに駐車できる。

高速道路の下を過ぎるとポロト湿原を横切る植物観察浮橋があり、ミズバショウ群落などを見ることができる。さらに車道を進むと車道終点で、駐車場、ビジターセンター、キャンプ場がある。

ここから湖畔の反対側の道に入る。シラオイエンレイソウ、湿地のミズバショウ、各種のスミレが見られる。

馬の背遊歩道からもみじ平★★★

一周6.9キロ　2・30

駐車場からビジターセンターへ

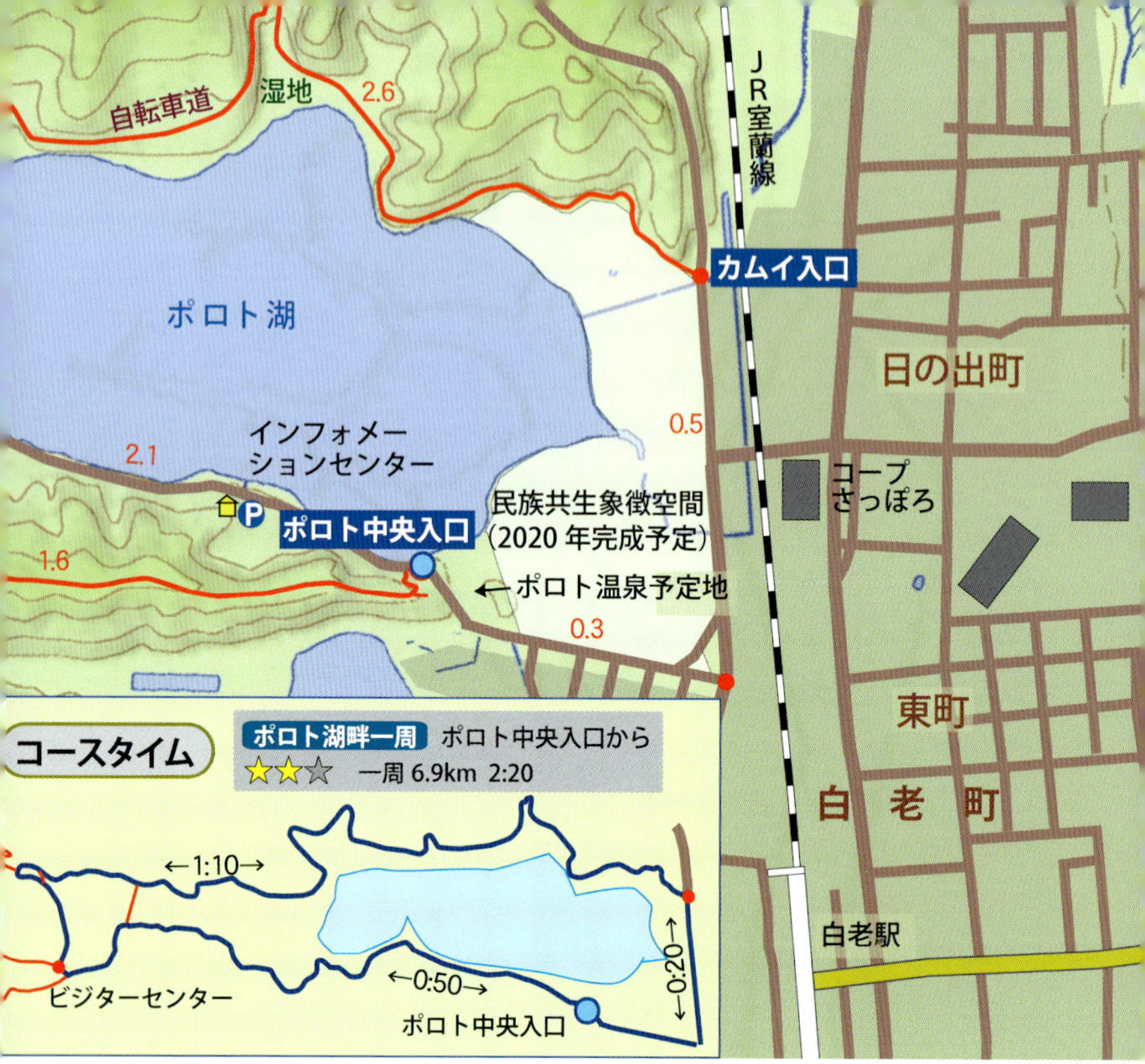

自転車道
湿地
2.6
JR室蘭線
カムイ入口
ポロト湖
日の出町
0.5
2.1
インフォメーションセンター
コープさっぽろ
民族共生象徴空間（2020年完成予定）
ポロト中央入口
1.6
←ポロト温泉予定地
0.3
東町
白老町
白老駅
コースタイム
ポロト湖畔一周 ポロト中央入口から
一周 6.9km 2:20
←1:10→
←0:20→
←0:50→
ビジターセンター
ポロト中央入口

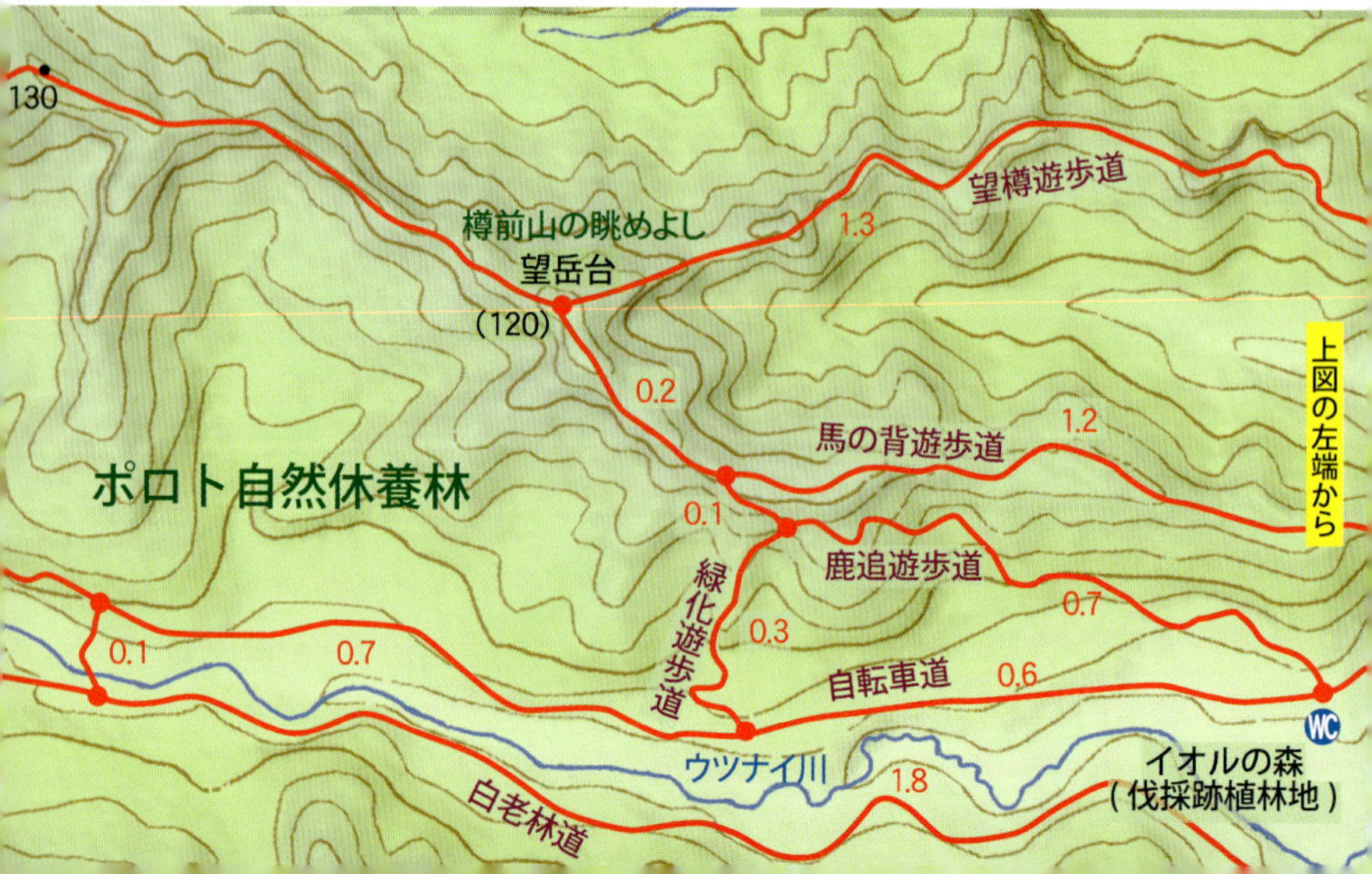

130
望樽遊歩道
樽前山の眺めよし
望岳台
(120)
1.3
0.2
1.2
馬の背遊歩道
上図の左端から
ポロト自然休養林
0.1
鹿追遊歩道
緑化遊歩道
0.3
0.7
0.1
0.7
自転車道
0.6
WC
イオルの森
（伐採跡植林地）
ウツナイ川
1.8
白老林道

至苫小牧西ＩＣ
ポロトトンネル
望樽遊歩道
1.3
0.5
湿地
送電線
植物観察浮橋
ミズバショウ
0.3
下図の右端へ
馬の背遊歩道
1.2
ウツナイ川
ポロト湿原
ミズバショウ
ビジターセンター
WC
0.1
0.4
50m
P
道央自動車道
ポロト自然休養林
WC
ポロトの森
キャンプ場
白老林道
白老トンネル
標識なし
この先
未調査
0.6
0.2
北海道栄高
至白老ＩＣ
N
E
S
W
0
100
200
300
400
500
600m
コースタイム
←0:40
0:50→
望岳台
←0:40
0:30→
もみじ平
←1:10→
駐車場
馬の背遊歩道からもみじ平
一周 6.9km 2:30
樽前山の眺めよし
1.9
望岳台・もみじ平遊歩道
送電線
自転車道
ウツナイ川
源流湧水地
1.0
0.4
0.1
WC
もみじ平
白老林道
1.0

植物観察浮橋

フチゲオオバキスミレ (5/9)。
つぼみの色が赤茶色だ

ビジターセンター

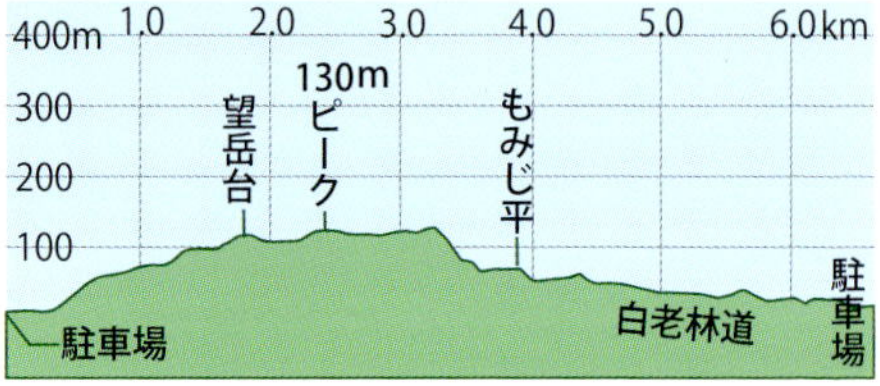

向かう途中から右の道に進み、トイレの裏から始まる馬の背遊歩道に入る。尾根道を1・4キロ上り、望岳台へ。休憩施設があり、樽前山がよく見える。

この後も尾根上の道歩きが続き、少しずつ高度を下げながら白老林道に合流する。

8月中旬ころから休養林一帯のところどころにヤマジノホトトギスが咲く。道南以外では分布が限定的で、支笏湖畔、岩見沢の利根別原生林にもあるようだ。

林道から100メートル奥に入ったもみじ平が休憩広場になっている。あとは平たんな白老林道を歩いてビジターセンターに戻るが、途中で対岸に渡る道があるので、気分を変えてルート変更してもよいだろう。

もみじ平に向かう尾根道

望岳台からは樽前山が見える

ヤマジノホトトギス (8/16)

花弁と葉の縁が波
うつものも多い
雌しべ
雄しべは
雌しべより短い
雄しべ
葯
花糸
雄しべの葯（やく）は花糸の２倍

シラオイエンレイソウ

シラオイの名が付くが、オオバナノエンレイソウとミヤマエンレイソウの雑種なので、白老特産というわけではない。種子のできない３倍体と、種子ができる６倍体があり、６倍体は種子ができるので、時に群生する。３倍体は両親よりかなり大型になり、両親の生えているところで時々見かける。見分けのポイントは左のとおり。

ミズバショウ群落を行く (5/16)

萩《はぎ》の里《さと》自然公園《しぜんこうえん》（白老町）

海を間近に見下ろす丘

海の近くまで突き出る丘陵はオロフレ山塊が起点。湿地あり、急登ありと変化に富んだ地形だ。

公園の外周８カ所に入口があり、表玄関は白老港の裏手、センターハウス入口だ。国道には公園への案内標識がないので分かりにくい。

萩の里公園周遊★★★

一周4.4キロ　1・20

センターハウスまで一般車両の通れない広い舗装道が延びている。脇には森の中を歩く遊歩道が整備されているので、そちらを歩くのもよい。

センターハウスからさらに奥へ進むとエゾシカの食害を防ぐ網が張られた地域に入る。５月初旬はたくさんのシラネアオイが見られれ

センターハウス入口

センターハウス

■交通

ＪＲ萩野駅下車。センターハウス入口まで徒歩700ｍ。

■マイカー情報

センターハウス入口に駐車場がある。その他の入口にはない。

■公園の管理

萩の里自然公園管理運営協議会（白老町建設課内）
☎0144・82・4215

■センターハウス

公園訪問者の憩いと研修の場。姉妹都市カナダ・ケネル市から贈られた丸太で造られている。
通年開館（8:30 ～ 17:15）
11月～3月は10:00 ～ 15:00
(火・木休)
☎0144・84・2222

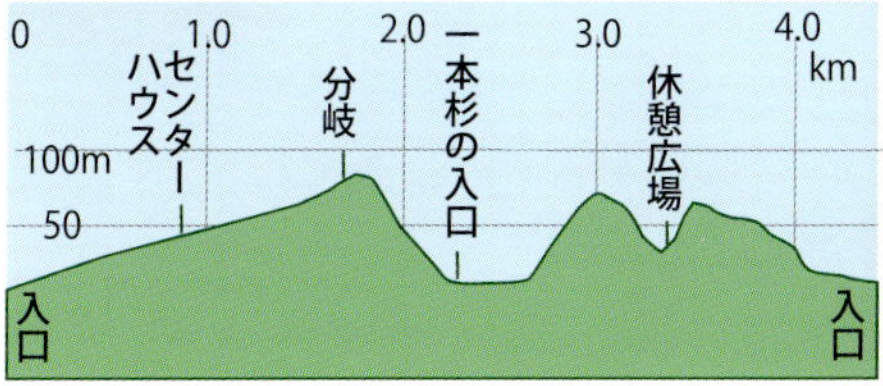

るが、この網のおかげである。
　網の囲いから抜けると分岐となり、ここで左折して三角点へ向かう。その後、尾根を歩くのが楽だが、ミズバショウ群落を見るために一本杉の入口に下りてみよう。山麓の道に沿って湿地が広がり、4月末から5月初めはミズバショウがみごとだ。
　山麓の道を３３０㍍進んで上り道に入り、見晴台を経て休憩広場へ。海方向の眺めがよく、日本製紙の大きな工場が見える。この高台となった公園は津波に襲われた際の避難場所になっているが、低海抜地域の住民にとって、とても心強い存在だろう。
　ここから送電線に沿って公園中央部へ向かう。途中で尾根道に入り、出発地点のセンターハウス入口へ向かう。

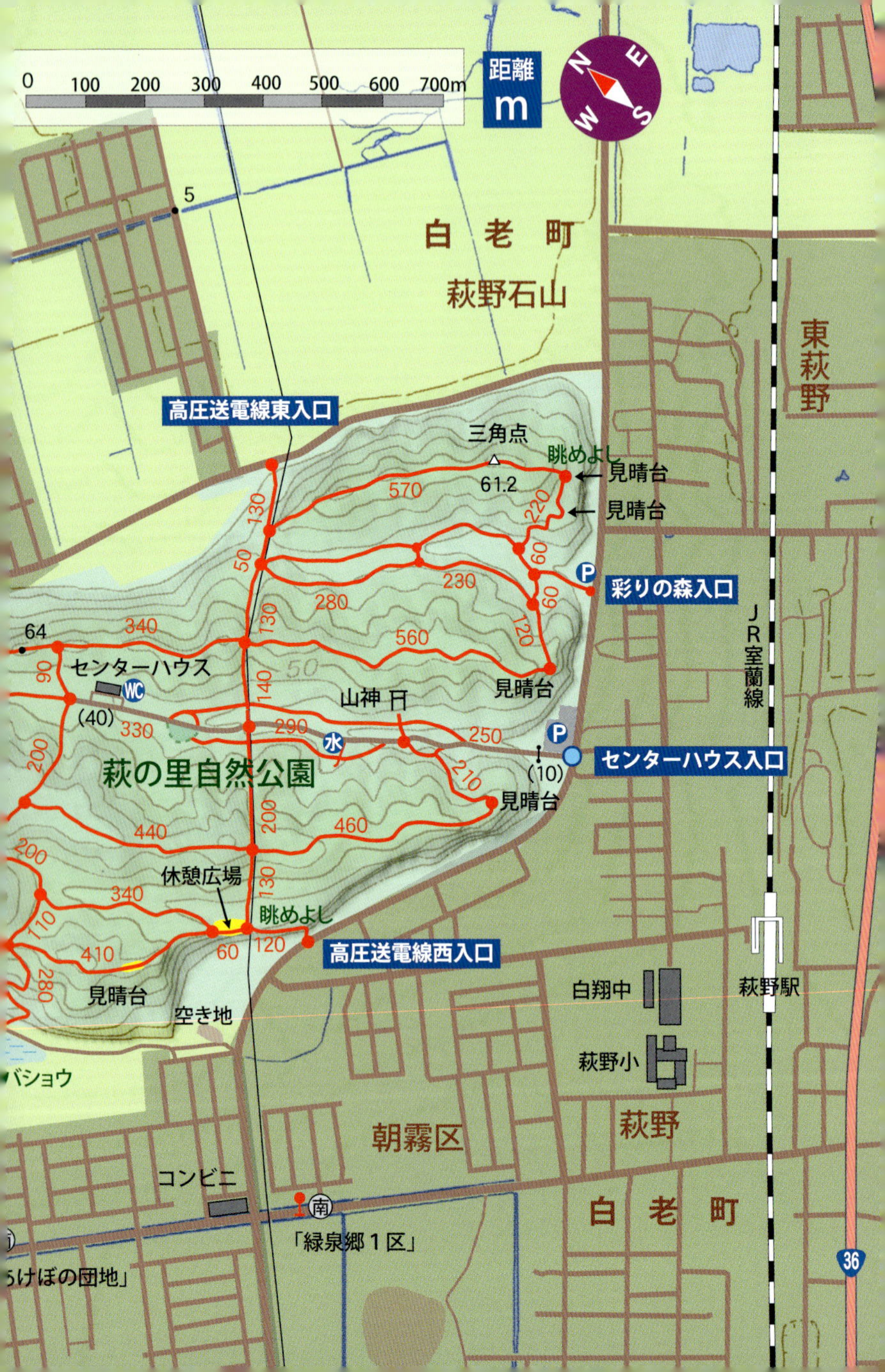

0 100 200 300 400 500 600 700m
距離 m
N E S W
白老町
萩野石山
東萩野
高圧送電線東入口
三角点
61.2
眺めよし
見晴台
見晴台
彩りの森入口
見晴台
JR室蘭線
センターハウス
WC
(40)
山神
水
センターハウス入口
(10)
見晴台
萩の里自然公園
休憩広場
眺めよし
高圧送電線西入口
見晴台
空き地
白翔中
萩野駅
萩野小
バショウ
朝霧区
萩野
白老町
コンビニ
南
「緑泉郷1区」
36
5
64
570
220
130
50
60
230
280
60
120
340
130
560
90
140
290
250
330
210
200
200
460
440
200
130
340
110
60
120
410
280
50

コースタイム
萩の里公園周遊
4.4km 1:20
ウヨロ川入口
センターハウス
センターハウス入口
0:10
0:15
0:15
0:40
一本杉の入口
石山新生
至白老ＩＣ
ウヨロ川
ウヨロ川入口
道央自動車道
石山萩の里入口
130
40
540
230
730
730
40
40
鹿食害防止網
86
180
三角点
現地標識は84.2m
710
380
60
ミズバショウ
1,180
萩野ＰＡ
民有地
540
360
80
300
一本杉の入口
330
ミズバショウ
太平洋団地入口
緑泉郷
太平洋団地
「緑町」
南
至登別東ＩＣ

東角の見晴台から①恵庭岳②風不死岳③樽前山

三角点にはかわいい標識がある

シラネアオイ群落は訪問者に人気だ (5/17)

コース標識は万全だ

その他のコース

彩りの森入口にも駐車場があるので、ここから始まるコースもぜひ活用したい。見晴台から海側や樽前山の景色がよく見える。

　新鮮味を求めるなら、ウヨロ川入口からも入ってみたい。駐車場はないが、1台か2台なら止められるスペースはある。歩行途中で民有地を通るが、歩行は認められていて、公園と一体的に利用でき、三角点を通るなどの周回コースを組むことができる。

センターハウスへ向かう広い道。この左右に林内を歩く遊歩道がある

炭焼き跡

明治中期から昭和30年代までこの一帯で炭焼きが行われてきた。公園内にも50カ所ほどの炭焼き跡がくぼみとなって残っている。遊歩道脇に案内標識があって見ることができる。

一本杉の入口の330m先で左の道へ

高圧送電線西入口の上は休憩広場

地球岬展望台から見える岩峰にヤマツツジが咲く (6/15)

地球岬緑地散策路《ちきゅうみさきりょくちさんさくろ》（室蘭市）

地球が丸く見えるか

断崖の上からの海の眺めがよい。ときには沖を泳ぐクジラも見えるという。遊歩道は崖に沿って延びるが危険箇所はない。

地球の丸い形が見えることが地球岬の語源かと思ったら、アイヌ語のチケプ、チケウェ（崖）が元で、地球はその当て字だそうだ。

海岸の崖の上を通る車道からも海岸美を楽しめるし、内浦湾の対岸に見える駒ケ岳などの山々を眺めたり、クジラ、イルカを探しても楽しい。10月下旬には南下するワシやタカが集結したり、ヒヨドリが集団で渡ったりする様子が見られる。本当に魅力の多い場所だ。

ここでは地球岬緑地の散策路を紹介する。道や標識の整備は少しずつ進んでいると思うが、道の分岐に目印がなかったり、時期に

チキウ岬灯台への道は閉鎖されている

■交通
道南バス（増市通ー地球岬団地）で終点下車。徒歩1.0km。
■マイカー情報
無料駐車場がある。
■緑地の管理
室蘭市土木課
☎0143・25・2574

駐車場の端（矢印）からスタート

よって道がやぶに隠れていたりすることもあるので、本書の地図を見て注意深く歩いてほしい。

コース自体はそれほど長くない。全行程が林の中で、海岸の素晴らしい景観があまり見られないのが残念だ。植物は春にカタクリ、オオバキスミレ、ノビネチドリ、コウライテンナンショウなどが見られる。

水辺広場周遊★★★

一周1.4キロ　0・30

スタートは駐車場の端。擁壁の裏に下りるので少し分かりにくい。地図のとおり進むと広い道に出て沢に下りる。沢沿いはカタクリが多く、木道が整備されて水辺広場になっている。

広場の終わりで左に折れて上りにかかる。春は道端にオオバキスミレが咲く。

強風で変形した木

洋上に見える ①横津岳 ②駒ヶ岳

オオバキスミレ（5/2）

水辺広場。エゾサンショウウオが生息する

突然現れる巨大な岩峰

尾根は風が強いらしく、樹木がかなり変形している。地球岬展望台にかなり近づいてから右手が開けて断崖の風景が見える。ここがこのコース唯一のビューポイントである。ここを過ぎると間もなく駐車場に到着だ。

距離 m
0 100 200 300 400m
至輪西町
金屏風展望台
地球岬
立入禁止
チキウ岬灯台
137.6
地球岬展望台
「地球岬団地」
コースタイム
駐車場
←0:20→
←0:10→
水辺広場周遊
一周1.4km 0:30
岩壁の眺めよし
80
120
90
20
30
20
180
230
230
380
水辺広場
砂防ダム
123
580
230
919
地球岬観光道路
地球岬緑地
530
150
長谷川正治歌碑
チャラツナイ展望台
内浦湾
北海道大学
室蘭臨海実験所
至東室蘭駅

南外輪山展望台から有珠山（右）、羊蹄山、左にニセコ山系

有珠山《うすざん》（伊達市・壮瞥町）

海、洞爺湖、羊蹄山の絶景

これほど眺めのよい山はめったにない。噴火湾を隔てて道南の山も見える。健脚なら徒歩で登ろう。

2000年の大噴火が記憶に新しい活火山。真の山頂は立ち入り禁止なので、火山情報に注意しつつ外輪山までの登山を楽しみたい。
ロープウエーで山頂駅まで上がり、外輪山を巡るコースと、山麓から南外輪山展望台まで登るコースを紹介する。

外輪山遊歩道★★★

片道2.3キロ　行き1・05　帰り1・00

有珠山ロープウェイ山頂駅からスタートする。有珠山の山頂部を右に見ながら、整備された緩やかな道を有珠山火口原展望台まで登る。ここから120メートルの標高差を階段で一気に下りるので、観光客

ロープウェイ山頂駅から登山開始

有珠コースの登山口手前に広い駐車場

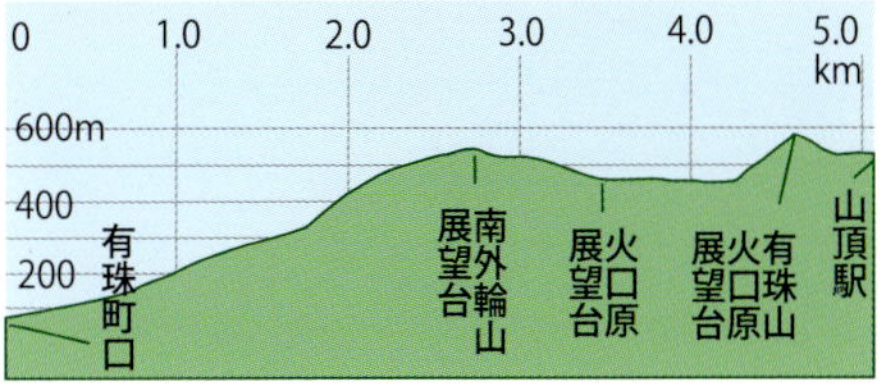

■交通

有珠山ロープウェイ

ＪＲ洞爺駅から道南バス洞爺湖温泉行き、終点下車。道南バス昭和新山行きに乗り換え、終点下車(冬季運休)。

有珠町口

ＪＲ有珠駅から徒歩2.3km。

■マイカー情報

高速道路手前に登山者用駐車場がある。

■登山道

胆振総合振興局商工労働観光課
☎0143・24・9592
伊達市商工観光課
☎0142・23・3331(代)

のほとんどはここから引き返す。

階段からは荒々しい有珠山と火口原が見下ろせる。単調な下りだが、ミヤコグサの黄色い花も見られる。

階段下りが終わると、平たんな外輪山歩きとなる。左に内浦湾、その彼方に渡島半島の山々も見える。さらに進むと立派なログハウス型のトイレと東屋のある火口原展望台だ。

ここから距離500メートル、標高差50メートルを登りきると有珠コースとの分岐で、その300メートル先に南外輪山展望台がある。洞爺湖、羊蹄山、ニセコ連峰、内浦湾と、飽きることのない眺めが満喫できる。

有珠コース★★★

片道2.9キロ　上り1・30　下り0・50

有珠町口登山口から頂上まで、標高差が450メートルもあるから、本

669.2
有珠新山
大有珠
733
有珠山
壮　瞥　町
小有珠
672
オガリ山
洞爺湖展望台
ロープウェイ口
山頂駅
(540)
0.4
573
有珠山火口原
展望台
600段階段
(445)
銀沼火口
外輪山展望台
531
卍 善光寺奥ノ院
0.3
外輪山遊歩道
1.1
火口原展望台
475.4
WC
0.5
0.7
「あと 0.5km」
林道交差
と 1km」
伊　達　市
600
700
250
コースタイム
有珠コース
2.9km
上り1:30 下り0:50
南外輪山展望台
0:05→
0:10←
0:10→
0:15←
0:20→
0:10←
0:40→
0:30←
0:05→
0:10←
山頂駅
有珠山火口原
展望台
火口原展望台
「あと 1km」
標識
有珠町口
1:00→
0:35←
外輪山遊歩道
山頂駅～南外輪山展望台
2.3km
行き1:05 帰り1:00

JR 有珠駅から有珠町口まで
有珠町口
道央自動車道
50
1.0
JR室蘭線
0.8
37
伊達市
有珠町
0.3
有珠駅
洞爺湖町
200
林道交差
至虻田洞爺湖ＩＣ
果樹園分岐
1.9
「あと 1.5km」
遊歩道
案内板にある登山道
（通行禁止）
林道交差
林道交差
有珠町口
(75)
登山口
登山ポスト
登山者用駐車場
WC
P
道央自動車道
50
伊 達 市
150
N
W
E
S
至伊達ＩＣ
至
37
0
200
400
600
800
1000m

南外輪山展望台から①小有珠②有珠新山③オガリ山④大有珠（陰にある）⑤銀沼火口

600段の階段下り。下りたら左の外輪山を歩く

ミヤコグサ (7/18)

格的な登山だ。

登山口に地図板がある。登山に無関係な紹介が主で、通行禁止の登山道と遊歩道が紛らわしくて進路が分かりにくい。

道ははっきりしていて、何度か車道を横切るが、標識が完備しているので迷うことはない。

谷のアップダウンもあるので、単調な登りではない。春ならスミレの花や、コジマエンレイソウが多いので楽しみながら登れる。

途中でコースの区切りになるのは斜面を横切る車道だ。最初は標高３００メートル、次は４００メートルで現れるが歩行は禁止だ。眺めがよいので、よい休み場でもある。

コースは全体的に樹林に覆われている。樹木がなくなるのは外輪山が近くなってから。そのころは洋上に駒ヶ岳なども見える。

南外輪山展望台。洞爺湖、羊蹄山などすばらしい眺めだ

洞爺湖町の向こうに①狩場山②大平山が見える

トイレがある火口原展望台

外輪山に出ると、ロープウェイ山頂駅からの外輪山遊歩道と合流する。有珠山の荒々しい姿も間近に見える。

南外輪山展望台までわずか３００㍍で、地震測定器らしい装置、善光寺奥ノ院の小さな建物、ぽつんと立つ地蔵さんを見て進むと、展望台に到着である。広い草原で、周囲の眺めを楽しみながらゆったりと休める。

洞爺湖《とうやこ》・有珠山《うすざん》ジオパーク（伊達市・壮瞥町）

地面が裂け国道で噴火

町のあちこちで噴火が始まり、道路も工場も住宅も破壊し尽くされた。その生々しい跡を訪ねる。

水中に没した国道 230 号。隆起した対岸に道が続いている

有珠山は20年から30年の周期で噴火を繰り返している。最近では2000年3月から8月にかけて噴火し、洞爺湖温泉を中心に大きな被害をもたらした。洞爺湖・有珠山は世界ジオパークに認定され、大地の遺産の保護、教育や観光、地域経済の持続的な発展を目指すことが求められている。

西山火口散策路★★★

片道1.6キロ　行き0・30　帰り0・40

西山火口北口が入口となる。車道が水に漬かっている様子が目に入るが、旧国道230号である。道路標識も水中にあり、ここで最初の衝撃を受ける。

土産物店が並ぶ道を進む

町道が隆起して階段状になった

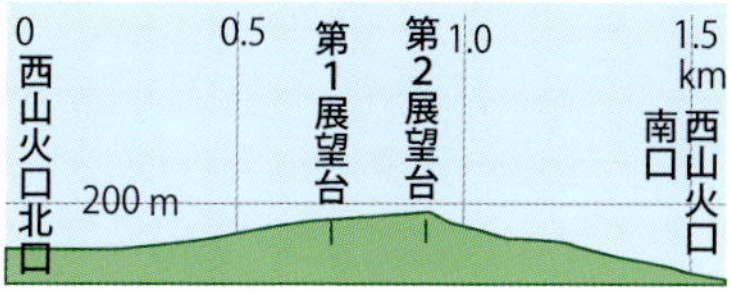

■交通

洞爺湖温泉まで

道南バスＪＲ洞爺駅発洞爺湖温泉行き、札幌駅発洞爺湖温泉行き、室蘭港発ＪＲ洞爺駅行き、洞爺湖温泉下車。

西山火口北口まで

道南バス東町発洞爺湖温泉経由豊浦行き、ふる里総合福祉会館前行き、室蘭行き、西山遊歩道入口下車。

■マイカー情報

西山火口北口に無料駐車場がある。道路に面した民間駐車場は有料なので注意（地図参照）。

■登山道

胆振総合振興局商工労働観光課
☎0143・24・9592
伊達市商工観光課
☎0142・23・3331(代)

土産物店が並ぶ道を進むと、町道が階段状に隆起した地溝帯断層が続き、ここでも噴火の威力を目の当たりにする。

その先でも、噴石に埋もれた電柱や大小の火口、破壊されたわかさいもの工場もある。年を経て風化が進んで風景がおとなしくなり、被災時の激しさが伝わりにくくなってきているように感じる。

第２展望台からは下り坂になる。路面と２ﾒｰﾄﾙの段差ができた車庫や幼稚園跡を過ぎると西山火口南口の駐車場である。ここで引き返そう。

金比羅山コース★★☆

片道2.3ｷﾛ 行き０・45 帰り０・55

西山火口北口からバス停方向に延びる車道を進む。車両は通れない。焼却処理場跡を過ぎると丁字路となり左へ進む。すぐに木の実

N
W
E
S
距離
m
0
200
400
600
800
1000m
洞 爺 湖
温泉東口
爺湖温泉」
P
WC
1,250
2
コンビニ
洞爺湖温泉
530
南
「東町」
400
リの碑
166
壮瞥温泉口
P
温泉井戸
よそみ
四十三山
251.5
460
140
270
120
300
180
150
壮瞥温泉
（休業）
火口
140
400
350
噴気孔
火口
190
204
洞爺湖町
壮瞥町
北羅山
250
温泉東口
コースタイム
壮瞥温泉口
←0:30
0:50→
四十三山
←0:35
0:20→
温泉東口コース
片道1.6km
上り0:50 下り0:30
600
有珠新山
669.2
大有珠
733
有珠山
小有珠
557

至留寿都
230
三豊トンネル
至洞爺
南「公園前」
ビジター
センター
展望広場口
展望広場
南「噴火口入口」
無料駐車場
西山火口北口
278
148.5
WC
南
沼の底に沈んだ国道
西山火口沼
「西山遊歩道入口」
歩行も有料
有料展望台
珠ちゃん火口
有くん火口分岐
1,000
桜ヶ丘団地
金比羅火口群
有くん火口
740
1,010
280
町道跡
地溝帯断層
地熱帯
わかさいも工場跡
194
住宅跡
断層
分岐
木の実沢展望台
ゴミ焼却処理場跡
西山火口南口
町道跡
第１展望台
第２展望台
南口駐車場
(105)
880
幼稚園跡
旧国道230号跡
543
コースタイム
西山火口散策路
片道1.6km
行き0:30 帰り0:40
西山火口北口
展望広場
0:20
0:35
0:25
分岐
0:15
0:10
第１展望台
西山火口南口
0:15
0:30
金比羅山コース
片道2.3km
行き0:45 帰り0:55

わかさいも工場跡

90度以上の蒸気を吹き出す地熱帯

隆起した住宅跡断層

公営住宅とやすらぎの家跡

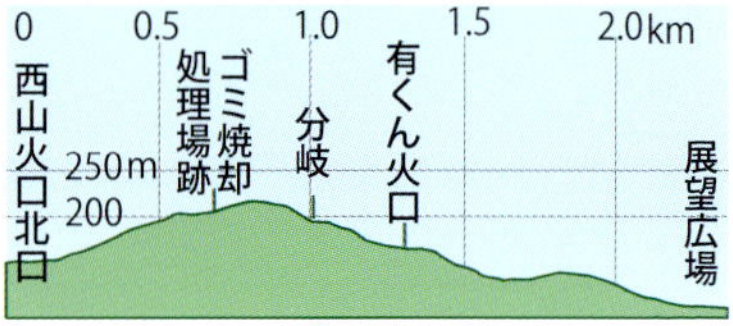

沢展望台の標識がある。ここは以前に集落があったが、1977年の噴火による降灰、泥流などで死者が出、集団移転となった。

さらに進むと有くん火口分岐で、脇道を少し上ると火口内部が見える。2000年噴火でできた60もの火口の中で最大で、現在はエメラルドグリーンの水をたたえている。近くの珠ちゃん火口も同年の噴火だ。なお、両火口の名は有珠から1字とって付けられた。

さらに道を下りると車道跡に出、標識に導かれて砂防ダム上流側の展望広場に出る。展望広場の脇に建物がある。町営温泉やすらぎの家、公営住宅の桜ケ丘団地だ。2000年に金比羅山の斜面から流れ出た熱泥流が流路工を越えて直撃した。団地は3棟中1棟だけが残され、1階部分がかなり埋

温泉井戸

有くん火口

四十三山の頂上

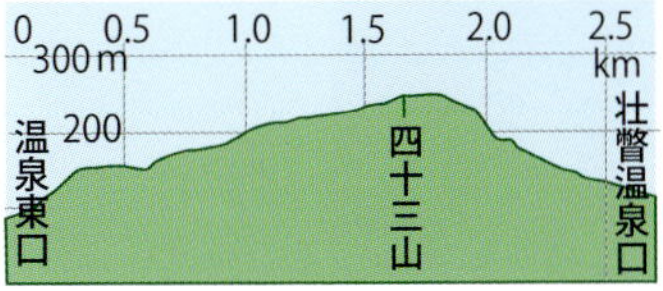

整備された四十三山の登山道

まったまま保存されている。

四十三《よそみ》山

温泉東口コース★★★

片道1.6キロ　上り0・50　下り0・30

1910年（明治43年）に誕生した火山。現在も噴気しており、温泉街の温泉の湯もこの山から引かれている。登山口は二つあるが、温泉東口からが分かりやすい。壮瞥温泉口は湖畔のコンビニがよい目印になる。登山口に空き地があるので駐車もできる。

山全体に樹木が茂っているので眺望はそれほどよくないが、それでも洞爺湖越しの景色が見られるし、蒸気が噴出しているところがあり、温泉水を引く井戸もあるので、この山らしさを感じることができる。壮瞥温泉口へ抜けて温泉東口に戻るには東口往復より1キロほどの距離が追加となる。

奥が石割桜。岩の上に根を張る大樹が多い

有珠善光寺自然公園《うすぜんこうじしぜんこうえん》（伊達市）

山頂崩壊が生んだ奇岩

巨岩に根を張る樹木の間を縫いながら歩けるのが魅力。海岸風景や野草を楽しみながら歩こう。

有珠善光寺は平安時代の開山だから、その歴史の古さに驚く。わらぶき屋根の本堂は江戸時代に建てられた。

善光寺と一体となり背後に広がる森林は、伊達市が管理する自然公園である。園内は奇岩が多く、その上に木が生えている特徴的な風景が広がる。この岩は7～8千年前に有珠山の山頂部が崩壊し、4キロ離れた海岸まで流下した岩くずなだれ堆積物だ。有珠湾の複雑な地形もこの堆積物によって造られた。

自然公園一周 ★★★

一周1.5キロ　0・40

有珠善光寺

平安時代の天長３年（826年）比叡山の僧だった慈覚大師が、自ら彫った本尊阿弥陀如来を安置し、開山したのだそうだ。
現在ある建物は江戸時代に建てられた。２度有珠の大噴火に見舞われているが、難を逃れている。本堂は参拝することができる。

■交通
ＪＲ有珠駅から徒歩1.5km。
道南バス（洞爺湖温泉・豊浦・室蘭）善光寺入口下車。

■マイカー情報
無料駐車場がある。バスは有料。

■公園の管理
伊達市都市住宅課
☎0142・23・3331（代）

■観光情報
だて観光協会
☎0142・25・2722

■善光寺
☎0142・38・2007

ヒナスミレ (5/2)

コジマエンレイソウ (5/3)

寺の駐車場からスタートすることにする。宝物館方向へ延びる道をたどると林内に導かれる。十字路からは石割桜へ向かおう。桜の時期、この周囲にヒナスミレがたくさん咲いている。

さらに道を進むと開けた庭園に出、伊達の先住者であるアイヌ民族をしのぶ慰霊碑がある。以前はわらぶきのチセ（伝統的住居）もあったが撤去された。庭園の端から善光寺駐車場へ下りる小道があるので小回りコースとして使える。

庭園は公園駐車場に続いている。管理棟の横からさらに遊歩道が延び、ロックガーデン風の庭園を進むと歴史公園へ向かう道との分岐になる。ここを左折するとカタクリの丘を横に見て出発点に戻るが、う！スワン展望台に寄り道して海岸風景を眺めよう。

龍神堂。岩塊が荘厳さを強調している

庭園の岩も自然のものだ

う！スワン展望台。2018年は破損で使えなかった

アイヌ慰霊碑

展望台のすぐ下は海岸だ

コースタイム
0:05
0:15
0:05
0:05
0:05
展望台
善光寺
自然公園一周
一周1.5km 0:40
洞爺湖町
伊達市
有珠町
至洞爺
JR室蘭
37
歴史公園への道
「善光寺入口」
9:00~17:00
有珠善光寺自然公園
220
380
庭園
公園駐車場
管理事務所
WC
カタクリの丘
150
石割桜
庭園
墓地
80
アイヌ慰霊碑
60
140
120
龍神堂
納骨堂
う！スワン展望台
(破損・立入禁止)
220
宝物館
WC
有珠善光寺
至伊達
有珠湾
伊達市
有珠町
N
W
E
S
距離
m
0
100
200m

歌才ブナ林。中央がブナの木

歌才《うたさい》ブナ林《りん》と歌才森林公園《うたさいしんりんこうえん》（黒松内町）

北限のブナ林を楽しむ

ブナ林を歩くコースは森林公園にもつながっているが、距離が長いので別々に訪れたほうがよい。

札幌から黒松内まで150㌔だが、車利用の日帰り圏としてそれほど無理な距離ではない。私がわざわざ遠距離でも出かけるのはブナ林とナガハシスミレを見るためだ。ともに道南地方でなければ見られないもので、札幌から日帰りで見られるのはとてもありがたい。

歌才ブナ林★★★

片道1.7㌔　行き1・00　帰り1・00

歌才ブナ林駐車公園からのスタートとなる。最初は湿地に沿って歩くので、春はたくさんのミズバショウが見られる。730㍍で歌才森林公園からの道と合流す

歌才ブナ林駐車公園

■交通

ＪＲ黒松内駅から徒歩3km。タクシーがある。

■マイカー情報

駐車場がある。

■歌才ブナ林の管理

後志森林管理署黒松内上級森林事務所
☎0136・72・3331

■コース情報

黒松内町ブナセンター
☎0136・72・4411

駐車公園を出て右手 100m に入口がある

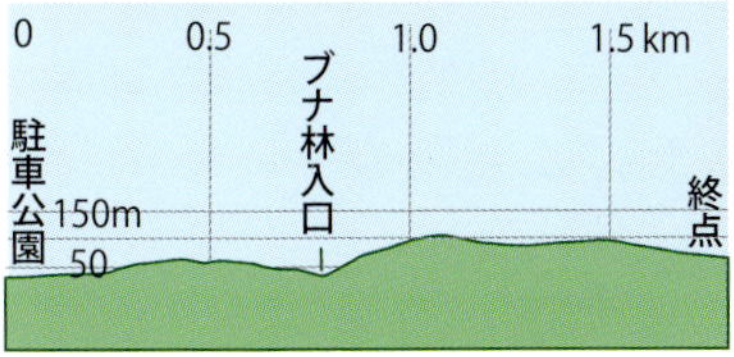

ギンリョウソウ (5/10)

る。そのすぐ先で歌才川を渡り、少し坂を上がったところがブナ林の入口で入林ポストがある。

そこから上りとなり、ブナの大木が現れる。滑らかな白っぽい灰色の樹皮なので、すぐに分かると思う。以後、直径1メートル級のブナの巨木が次々と見られる。

道は二手に分かれるが、少し先でまた合流するので、行きと帰りで使い分けるとよい。ギンリョウソウの坂にギンリョウソウはなく、ずっと先で見たが、年を経て植生が変化したのかもしれない。

道はどこかへ抜けるわけではなく、突然行き止まりとなるので、そこから引き返す。

歌才森林公園一周★★★

一周1.9キロ　0・45

歌才森林公園の入口は2カ所あるが、自然観察拠点のブナセン

距離
m
0 100 200 300 400 500m
N
W
E
S
266
歌才ブナ林
駐車公園
WC P 水
(30)
トドマツ植林地
湿地
ミズバショウが多い
トドマツコース
730
至 5 蘭越
しゅぶとがわ
朱太川
標高差90m
ほど下る
80
ぶなのき台
ギンリョウソウの坂
望台コース
830
138
第1の沢
歌才ブナ林
入口
(入林ポスト)
ブナの巨木多い
930
歌才ブナ林遊歩道
第2の沢
歌才ブナ林
149
終点
コースタイム
駐車公園
歌才ブナ林
片道1.7km
行き1:00 帰り1:00
歌才森林公園一周
一周1.9km 0:45
←0:20→
ブナ林入口
0:30→
0:20←
展望台跡
0:20→
0:30←
←0:40→
0:25→
0:15←
ブナセンター
←0:10→
ブナの小道
一周0.7km 0:20
終点

至寿都
しりべし学園
黒松内温泉
ぶなの森
9
黒松内町
歌才自然の家（宿泊・食事）
野球場
森林公園管理棟
280
110
80
歌才森林公園
250
180
100
展望台
210
水
350
250
せせらぎ水路
芝生のため
道が不明瞭
360
黒松内町
ブナセンター
（自然観察、工芸）
95
220
200
歌才川《うたさいがわ》
歌才オートキャンプ場
200
ブナの小道
300
96
至長万部

歌才川を渡る

「ブナ林まであと 80m」標識は公園への分岐

森林公園のカタクリ群落 (5/19)

ブナ林入口。入林ポストがある

ターからのスタートとする。車庫の横に延びる道をたどると小川沿いの道となる。

以前、この歩道脇にナガハシスミレがあるのを偶然に見つけた。別名テングスミレともいい、距《きょ》が天狗《てんぐ》の鼻のように後ろに長く突き出るのが特徴で、道南へ行かないと見られないものだ。

小川沿いの道を進むと、歌才自然の家に出る。山に向かって庭園が広がり、背後には黒松内岳や大平山も見える。最高点は展望台跡で、景色を眺めながら休むのによい。さらに道は延びてブナ林へ向かうが、標高差90㍍の下りが待っているので、帰路の上り返しを考えるとためらうところだ。

ブナセンター側に下ると芝生の丘で明瞭な道がないので、その先の道を探すのに少し戸惑うかもしれない。

ブナの小道★☆☆

一周0.7キロ　0・20

ブナセンターの奥に延びる車道を200メートル進むと遊歩道の入口があり、駐車スペースもある。歩く距離も短いので、手っ取り早くブナの木を見ることができる。歌才ブナ林で見るような巨木はないが、比較的大きな木が見られる。

展望台跡

森林公園のせせらぎ水路

ナガハシスミレ（テングスミレ）（5/10）

ブナの小道の入口

黒松内はブナの北限

ブナは温帯を代表する樹木で、九州を南限として、北海道の寿都と長万部を結ぶ線を北限とする。それ以北は針葉樹が交じる針広混交林となる。

ブナ林は渡島半島の各地にあり、北限の黒松内地区のほか、島牧村の賀老ノ滝近くにもハイキングできるブナ林がある。

いわみざわ公園見晴台から見た①鉢盛山②天狗岩③夕張岳

利根別《とねべつ》自然休養林《しぜんきゅうようりん》といわみざわ公園《こうえん》（岩見沢市）

尾根・谷・湿地と変化あり

最高点が157メートル、3キロ四方ほどの限られた緑地だが、池や湿地があって、高台からの眺めもよい。

札幌から40キロほどの近距離にあるので訪れやすい。道央自動車道なら岩見沢インターチェンジが現地に近いのでさらに便利だ。

一帯は幹線道路に取り囲まれて島のようになっていて、一部はいわみざわ公園、北海道グリーンランド、オートキャンプ場などの施設群で、それ以外が利根別自然休養林だ。自然の中を歩くコースは休養林が中心だが、いわみざわ公園内にも自然観察路があり、両者をつないで歩くことができる。

中央線・志文線周遊★★★

一周6.7キロ　2・30

利根別自然休養林は現在逆境に

ウオーキングセンター

大正池（築堤が破損する前の様子）

■交通

岩見沢ターミナル発中央バス万字線で大正池入口下車。徒歩0.8km。同バスいわみざわ公園下車。

■マイカー情報

駐車場がある。

■岩見沢市利根別原生林ウオーキングセンター

☎0126・32・2488
4月下旬~10月（月休）
9:00~17:00

■いわみざわ公園

色彩館内に総合案内
☎0126・25・6111
9:00~17:00（年中無休）

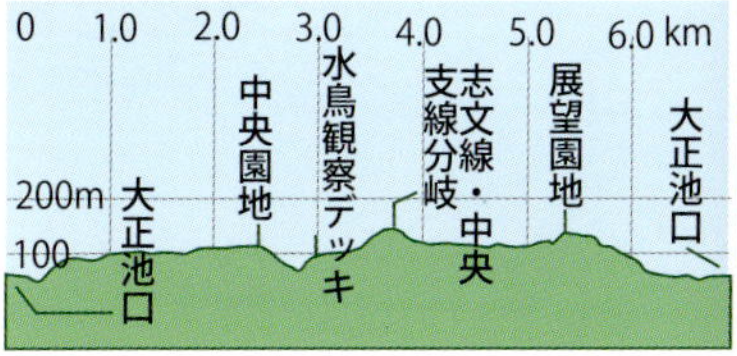

ある。コース中の木道などが破損して通行止めになっている金志線の復旧ができておらず、また２０１０年の台風で大正池の築堤が壊れて池の水が抜けた状態になっている。復旧中ではあるが、コースの通行止めがいつ解除されるかは分かっていない。

設定したコースは標識が完備しており、道も広く、快適に歩ける。金志線が通行できれば沢沿いのコースを歩き、ミズバショウ観賞デッキを通るコースを組み込めるので、自然の変化が楽しめる。

休養林のその他コース

東山池口はあまり一般的でないようで、人の出入りはないし、入口も目立たない。

オートキャンプ場口はキャンプ場入口に車を置いて８００メートル歩いた先から入るが、標識がないので、

0
500
1000
1500m
東山池口
利根別自然休養林
標識なし
東山線
中央線
岩見沢市
上志文町
至三笠・美唄
789
0.4
0.7
0.5
東山池
水鳥観察デッキ
0.1
0.4
東山の三叉路
0.2
114
中央園地
0.8
志文線
0.9
中央支線
0.2
通行止
152.3
標識なし
0.8
見晴らしが丘
0.1
金志の三叉路
萩の山市民スキー場
標識なし
Pなし
0.7
志文線
高徳寺分岐
157
「萩の山スキー場」
38
岩見沢市
栗沢町上幌
0.6
八十八カ所霊場
0.5
0.5
かしわの森
「高徳寺」
高徳寺
上志文町
30
38
幌向川
コースタイム
0:30
0:40
0:15
東山池口
大正池口
0:10
0:40
0:30
0:15
0:20
0:15
展望園地
オートキャンプ場口
0:20
中央線・志文線周遊
一周6.7km 2:30
0:20
0:20
0:10
テレワークセンター
0:30
高徳寺
30

岩見沢市
利根別原生林
ウオーキング
センター
道央自動車道
中央線
1.2
0.3
WC
大正池口
大正池
0.5
0.7
大沢の十字路
0.9
0.1
大沢線
工事中のため
通行止
展望線
廃道
1.0
展望園地
141
0.1
0.1
中央
標識なし
未舗装道へ
0.5
キャンプ車専用道
0.8
オートキャンプ場口
金志池
通行止
キャンプ場
志文川
ミズバショウ
観賞デッキ
「スキー場入口」中
遊園地
北海道
グリーンランド
153.2
緑が丘霊園
「グリーンランド」中
東屋
0.2
標識
なし
1.3
いわみざわ公園
見晴台
野外音楽堂
岩見沢郷土科学館
0.7
岩見沢市
志文町
38
「いわみざわ公園」中
緑のセンター口
テレワ
センタ
室内公園
色彩館
緑のセンター
レストハウス

保安林の広い道

中央園地の休憩舎

高徳寺から上る道は石仏が並ぶ

高徳寺からは墓の中を進む

あまり利用されていないようだ。歩道はしっかり整備されている。

いわみざわ公園の自然観察路

公園には広い駐車場があり、緑のセンター、バラ園、パークゴルフ場などの施設の要になっている。駐車場の山側に広い道が延びていて、そこから自然観察路につながっている。

見晴台が中心となる施設なので、そこは外せない。木造の大規模な施設で、夕張岳や岩見沢市街が見渡せる。

見晴台の山側は空中回廊のような道が延びていて、他の方向へ向かうことができる。尾根上の利根別自然休養林のコースに向かうこともできるが、18年の調査時は通れなくなっていた。再開通することを期待したい。

山の上はスキー場の頂上で、以

再開が待ち遠しい金志線のミズバショウ群落

見晴台。建築物としても魅力がある

オートキャンプ場口。左側の道に入る

前は巨大な観音像も立っていた。できればオートキャンプ場口まで遊歩道を延ばし、大回遊ができるようになればよいのだが。

幹線道路に囲まれた緑地なのでヒグマは入りにくいはずだが、近年は出没のニュースを聞く。一人歩きを避け、クマよけ鈴を携行したい。

ツクバネソウ

正月の羽根つきに使う羽根に実が似ているのでこの名がある。同じ仲間のクルマバツクバネソウの実も似ている。少し奥深い山地で見られるので、秋には注意して探してみたい。

ツクバネソウ

クルマバツクバネソウ

神がつくった花園か

浦《うら》臼《うす》神社《じんじゃ》（浦臼町）

123段の急な石段を上ると、社の周りにエゾエンゴサク、カタクリが咲き乱れる自然の花園がある。

浦臼神社境内。青色はエゾエンゴサク、薄紫はカタクリ

公園から神社★☆☆
片道0.3キロ　0・06

初めてこの神社を訪れたときは、駐車場の存在を知らず、123段の石段を息を切らせて上った。そこには夢のようにみごとなお花畑があり、神社に祭られた神が自分のために造り、楽しんでいるかと思ったほどだ。

札幌から65キロのJR札沼線沿いにあるが、残念ながら札沼線は2020年に北海道医療大学以遠が廃止される。車で行く場合、鶴沼公園と道の駅つるぬまがあるので場所は分かりやすい。

道の駅からは一度国道に出て石

神社へ上がる急な石段

いこいの森公園の駐車場

■交通

ＪＲ札沼線札幌駅発北海道医療大学で乗り換え、浦臼駅下車。徒歩1.9km。中央バス滝川浦臼線、鶴沼公園前下車。徒歩0.3km。

■マイカー情報

いこいの森公園に駐車場がある。国道側には道の駅駐車場があり、こちらから階段で上れる。

■観光情報

浦臼町産業振興課
☎0125・68・2114

エゾリス

段に向かうが、この上りはかなりきつい。車の場合は南側から回り込んで延びる車道があり、いこいの森の駐車場に入ることができる。こちらからは平地歩きなので子どもや高齢者でも楽だ。

花が咲くのは4月25日ごろから5月上旬まで。年によって多少前後する。数が最も多いのはエゾエンゴサクで、次にカタクリ。彩りを添えるようにフクジュソウが咲く。運がよければ花畑をエゾリスが跳び回る姿を見られるが、それをねらう多数のカメラマンが訪れる。エゾリスの食事時は早朝なので、撮影はなかなか難しいようだ。餌付けして撮っている人がいたが、好ましいことではない。

なお、神社のさい銭箱は建物内にあり、小窓から投入するようになっているので念のため。

林内は一面か花で覆われる (4/28)

エゾエンゴサクが一面に咲く (4/25)

浦臼神社

フクジュソウ(4/27)

男山自然公園のカタクリ群落。白いのはキクザキイチゲ（4/29）

突哨山《とっしょうざん》と男山《おとこやま》自然《しぜん》公園《こうえん》（旭川市・比布町）

開発から守られた花の山

旭川市と比布町の境となる小高い丘。春になると樹林の下一面がお花畑になる。

男山自然公園一周 ★☆☆

一周1.2キロ　0・30

突哨山の先端部が男山自然公園になっていて、春のカタクリ開花時期だけ開放され、それ以外の期間は門が閉ざされている。

カタクリやエゾエンゴサクの開花時期は4月末から5月初旬。そのころフクジュソウは終盤を迎えている。これらは人工的に植えたものではなく自然のままだが、ササ刈り、枝払いなど環境の手入れがされている。散策路は一巡する800㍍の輪になっているが、湿地のミズバショウ、ザゼンソウを見られる400㍍の西ルートが付

男山自然公園散策路入口

広い散策路

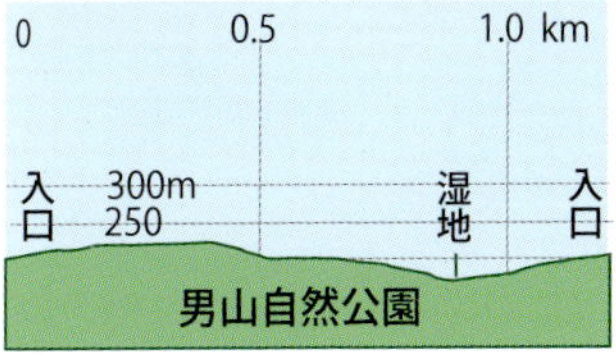

■交通

旭川駅前発道北バス愛別行き、比布スキー場行き、名寄行き（普通）で男山公園前、または1線19号下車。

■マイカー情報

男山自然公園に駐車場がある。

突哨山口は200m手前の国道脇に広い駐車場がある。

■突哨山

(指)もりねっと北海道

☎0166・60・2420

旭川市公園みどり課

☎0166・25・9705

■男山自然公園

☎0166・57・2131（開園期間中のみ）

男山株式会社

☎0166・48・1931

■村上山公園

比布町産業振興課

☎0166・85・4806

け加えられている。

条件がよければ尾根の高台から真っ白な大雪山が見える。

村上山公園往復★★★

片道3.7キロ　行き1・25　帰り1・15

突哨山口から稜線分岐まで幅の広い道をコースに選んだが、途中で分岐する谷渡りルートも植物が豊富で魅力がある。

尾根上は男山自然公園ほどの密度ではないが、扇の沢分岐付近まで花の多い状態が続く。その先も歩いて楽しいので村上山公園まで行ってみよう。高台となっている公園から大雪山が見えて見晴らしがよい。ここにも駐車場がある。

帰路は同じ道を引き返すことになるが、扇の沢ルートを下って、カタクリ広場から再び尾根に上るか、そのまま車道を歩いて突哨山口へ戻るのもよい。

比布町
南比布駅
JR宗谷線
比布町
二号
221.1
南折り返し
大雪山の眺めよし
P
WC
男山自然公園
花が多い
0.2
0.8
239
0.3
比布トンネル
西ルート
0.4
稜線分岐
0.3
0.3
花が多い
0.9
花が多い
木もれび分岐
0.9
0.2
湿地 ミズバショウ
カタクリ時期以外閉鎖
谷渡りルート
谷渡り分岐
北「男山公園前」
0.2
突哨山口
P
WC
北「1線19号」
156
40
942
至旭川市街地
旭川市
西部幹線用水路
0 250 500 750 1000m

コースタイム
村上山公園往復
片道3.7km
行き1:25 帰り1:15
男山自然公園
男山自然公園一
一周1.2km 0:3
村上山公園口
←0:15→
北分岐
←0:20→
←0:30
0:20→
扇の沢口
扇の沢分岐
←0:15
0:20→
カタクリ広場口
←0:20→
稜線分岐
←0:30
0:20→
突哨山口
大雪山の眺めよし
村上山公園
205.4
村上山公園口
四号
北布川
161
ぴぴの路
0.6
広場
1.0
採石場跡
北分岐
扇の沢ルート
0.9
扇の沢分岐
カタクリルート
200
228
0.7
扇の沢口
カタクリ広場
カタクリ広場口
旭川刑務所
道央自動車道
150

晴れ渡った大雪山。①愛別岳②安足間岳③熊ヶ岳④旭岳

南折り返し点付近のエゾエンゴサク (5/1)

尾根道を村上山公園へ向かう

ゴルフ場建設から自然保護へ

突哨山は明治時代から炭焼き、牛馬の放牧などに使われ、里山的な存在だった。

1990 年に民間企業が土地を買い上げ、突哨山一帯をゴルフ場にすると発表した。

それに反対した市民が公有化を求める署名活動を行い、その強い要望を受けて 2000 年に旭川市と比布町が自然保護のために土地を買い上げた。

市民、NPO、行政により保全のあり方の協議が重ねられ、その方針に基づいて指定管理者に運営を委託し、現在に至っている。

白花のカタクリ (4/29)

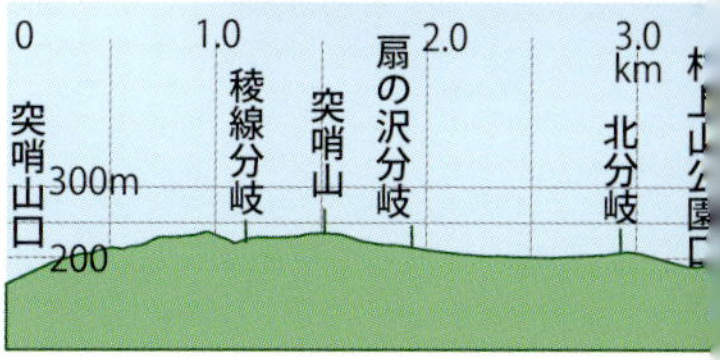

村上山公園

昔から親しまれた旭川の山

嵐山公園《あらしやまこうえん》と北邦野草園《ほっぽうやそうえん》（旭川市・鷹栖町）

北邦野草園の散策路。エゾエンゴサクの花で真っ青だ（4/30）

旭川市の西端で、石狩川と高速道路に挟まれ、昔から市民に親しまれてきた山地である。

北邦野草園★★★

河川敷の広い駐車場から長い階段を上り、オサラッペ川に架かる橋を渡ると嵐山公園である。障がい者用の車は橋の横に置ける。

入口に嵐山公園センターがあり、自然観察やアイヌ民族に関する資料の展示などを行っている。野草園の地図が入ったパンフレットもある。

センターの脇に北邦野草園の入口がある。園内はかなり広く、山の斜面に道が延びている。エゾエンゴサクやカタクリの大群落、サンカヨウ、スミレ類など、見られる植物の種類も多い。

オサラッペ川に架かる橋を渡る

嵐山ビジターセンター

■交通

旭川駅前（1条8丁目）発旭川電気軌道バス近文線に乗り、北邦野草園入口下車。徒歩700m。

■マイカー情報

公園手前の川沿いに駐車場があり、高い階段を上り、橋を渡るなど200m歩く。
直接山の上へ車で行くには公園道路を使う。詳細は地図を参照。

■北邦野草園・嵐山公園センター

開園：4月下旬～10月中旬
入場無料。9:00~17:00
開園期間中無休。
☎0166・55・9779

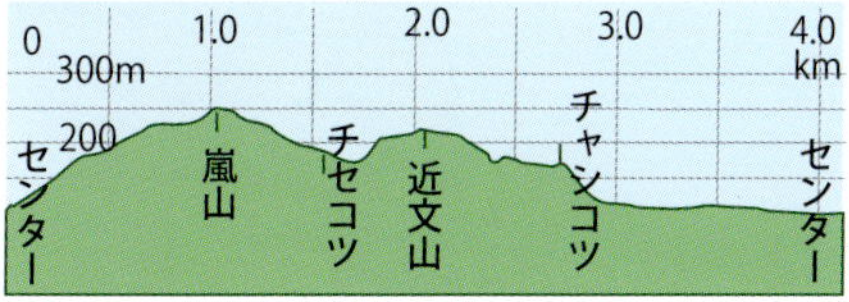

なお、園内から嵐山公園の遊歩道に抜ける道はない。

嵐山公園一周★★★

一周4.2キロ　1・40

嵐山公園センターの前を通り過ぎると、道は急で、春は花いっぱいの斜面を上り始める。脇にはアイヌ民族のわらぶきの伝統的住居「チセ」がある。この一帯の地名は近文《ちかぶみ》といい、白老、二風谷と並ぶアイヌ集落として有名で、園内のあちこちに遺跡がある。

坂の途中に分岐道があり、左の回り道に入ったほうが傾斜が緩やかだ。道はやがて尾根の上に出て、そのままたどると嵐山の頂上の展望台に出る。視界が開け、大雪山が見える。

一度、展望台駐車場へ下り、チセコツ（住居跡）へ向かい、さらに近文山へ。国見の碑は、

道央自動車道
至旭川鷹栖IC
鷹　栖　町
嵐山ジャンプ台
オサラッペ川
600
250
嵐山市民スキー場跡
320
350
嵐山ビジターセンター
「北邦野草園入口」
旭
370
150
80
WC
P
190
嵐山
嵐山展望台
253
260
90
80
90
チセコツ
(住居跡)
180
230
150
アイヌ文化の森
伝承のコタン
旭岡
旭川新道
100
90
140
170
P
WC
嵐山公園
嵐山公園センター
12
近文町
510
チャシコツ
ー(砦跡)
北邦野草園
280
440
910
近文大橋
サイクリングロード
石　狩　川
98
旭　川　市
141.6
神居町忠和
至深川

コースタイム
嵐山公園一周
一周4.2km 1:40
チセコツ
(住居跡)
嵐山展望台
←0:15→
←0:15
0:10→
←0:05
0:05→
←0:30
0:20→
嵐山公園
センター
チャシコツ
(砦跡)
近文山
←0:10
0:05→
←0:20→
下半面
274.9
530
公園道路
290
国見峠
490
340
153
90
国見の碑
近文山
223
「嵐山展望台→」
旭 川 市
江丹別町嵐山
江丹別川
98
JR函館線
N
W
E
S
距離
m
0
200
400
600
800m
江神橋

嵐山公園センター

河川敷の駐車場。ここから階段を上る

ピップイチゲ (4/26)

アイヌ民族の伝統的住居チセ

1885年（明治18年）に岩村通俊、永山武四郎らがこの頂から上川盆地を眺め、開発の構想を練ったのを記念して翌86年に建てたそうだ。

この公園でピップイチゲが見られるが、どこでもというわけではない。キクザキイチゲより花弁が短く、葉のギザギザも切れ込みが深くない。突哨山でも見られる。

また、ヒメギフチョウも見られる。春にだけ現れるアゲハチョウの仲間で、弱々しく飛んでいる。札幌地方にはいないチョウだ。チョウといえば、8月にオオヒカゲも見た。札幌ではすでに絶滅していると思うが、ここでは元気に飛び回っていた。

チャシコツは砦《とりで》の跡。ちょっとした広場としか感じない。ここから下りてサイクリングロードを歩

急な斜面を上る。春の花がたくさんある (4/26)

嵐山展望台

ヒメギフチョウ (4/26)

スキー場から上る道もある。右端に人道橋が見える

く。気持ちのよい散歩道だ。

　このほか、ビジターセンターから人道橋を通り、スキー場跡を上って嵐山展望台に至るコースもよい。上部だけの歩きや眺望を楽しむなら車で展望台まで上がるとよいだろう。

タコッペ湿原。ミズバショウ、ヤチボウズが見られる（6/10）

岬と湿原を巡る

判官館森林公園《はんがんだてしんりんこうえん》（新冠町）

「判官」とは義経のこと。伝説が宿るこの地の林は美しく、春にはサクラソウとオオバナノエンレイソウが咲く。湿原のヤチボウズも見もの。

高速道路のおかげで、札幌から現地まで2時間半で来られる。

この公園の最大の見ものは5月のオオバナノエンレイソウ群落だと公園のパンフレットには書かれている。私はそれよりサクラソウがうれしい。昔は日高沿線の国道脇にたくさん咲いていたが、現在はあまり見られないのだ。湿原には道東以外ではなかなか見られないヤチボウズがあるのも驚きだ。

森林公園は南北1・2キロほどで、特に広くはないが、歩き回るにはほどよく、地形の変化に恵まれて、満足感が高い。

道は幾つにも分かれながら延び

国道に立つ公園の標識。海側の入口は標識が目立たない

判官岬からＪＲ日高線を見下ろす

■交通

ＪＲ日高線の鵡川ー様似間は高波災害により運行不能となり、鵡川から代行バスがある。札幌ー浦河ペガサス号、苫小牧駅前ー静内（道南バス）でいずれも新冠下車。公園まで 3km。

■森林公園の管理

新冠町企画課
☎0146・47・2498
現地管理棟
☎0146・47・2193（4月下旬以降の開設期間中）

■判官館森林公園キャンプ場

テント持ち込み可。貸し出しテントあり。バンガローは照明、コンセント、テーブル、流し台がある。寝具、鍋、食器、食材、燃料は各自持参。申し込みは上記へ。

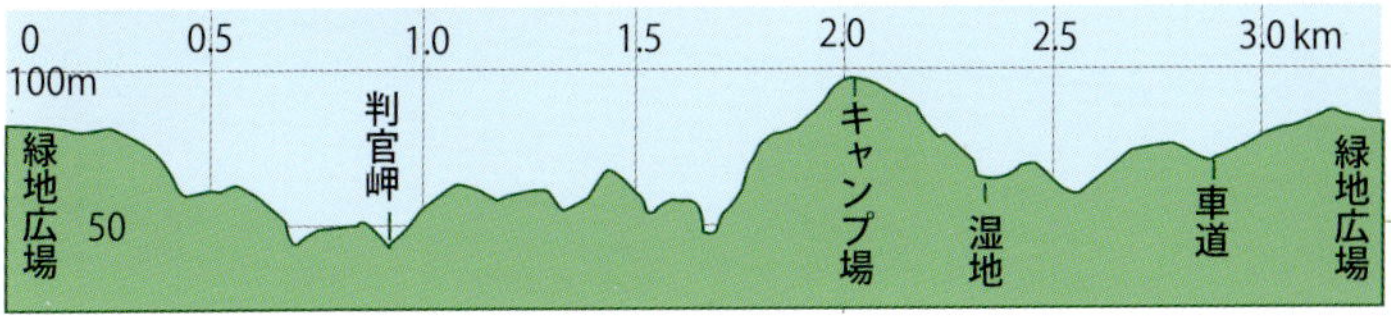

ていて、入口も多く、組み合わせで短くも長くもできる。自由に歩けばよいが、短めのお手軽コースとロングコースを設定した。

お手軽コース ★☆☆

一周1.4キロ　0・30

タコッペ湿原と判官岬を中心に組んだ。タコッペ湿原は樹木が茂り、湿原らしい広い景観はないが、一面に水をたたえ、ミズバショウが多い。ヤチボウズも木道の脇にたくさんある。

ツツジの森は6月初旬は一面鮮やかに咲くが、人為的に植えたものだろう。自然派には魅力不足かもしれない。途中にきれいなトイレがあるのはありがたい。

墓地の方へ戻る道は海岸に面して強風にさらされるのか、樹木が少なく、開放的な雰囲気だ。

道の脇にはオオチゴユリが見ら

至苫小牧
235
公園入口
新 冠 町
高江
テニスコート
新冠町判官館森林公園
緑地広場
280
130
120
バンガロー
森林公園
管理棟
P
WC
80
60
170
170
80
150
キャンプ場
50
310
すずき野歩道
300
140
150
急な上りあり
踏み跡状の道
湿地
W N S E
距離
m
0
100
200
300
400
500m
至浦河
235

コースタイム
判官岬
←0:15→
←0:05→
←0:10→
←0:20→
テニスコート
←0:08→
←0:20→
←0:15→
キャンプ場
お手軽コース
一周1.4km 0:30
ロングコース
一周3.3km 1:30
太平洋
JR日高線
新冠町霊葬
判官館霊
広い道
ミズバショウ、ヤチボウズ
タコッペ湿原
木道
ツツジの森
判官館
判官岬
海岸の眺めがよい
「義経築城の跡」看板
標高差60mの階段道
日高判官館
青年の家
送水ポンプ場
新冠川
メロディ大橋
新冠町
高江
360
110
70
180
170
180
150
80
250
50
90
60
50
200
270
110

明るく気持ちのよい林

サクラソウ (6/7)

オオバナノエンレイソウ（5月中旬）

れる。見た目が普通のチゴユリと違う。チゴユリより大型で、よく枝分かれする。花は下向きであまり開かないが、チゴユリの花は斜め下を向き、大きく開いて咲く特徴がある。

ロングコース ★★☆ 一周3.3キロ 1・30

お手軽コースを逆からたどり、さらに深い森林歩きを楽しむ。途中、標高差のある下り、上りがあるが、深山幽谷感を体験できる。さらに進むとキャンプ場に出る。ここにもトイレがある。

キャンプ場の先の沢沿いの園地を回り、車道に出て、スタート地点に戻る。

全体にそれほど魅力的に思えるコースではないが、林が美しく、植物も多いので、私には十分に楽しめた。

ロングコース後半、湿地の庭園を進む

オオチゴユリ（上）とチゴユリ（下）の違い

大型で、茎が枝分かれする
花は下向きであまり開かない

小型で、茎が枝分かれしない
花は斜め下向きで、大きく開く

判官岬

珍しいヤチボウズ

■文・写真・DTP 作業・図版作成・カバーデザイン

菅原《すがわら》 靖彦《やすひこ》

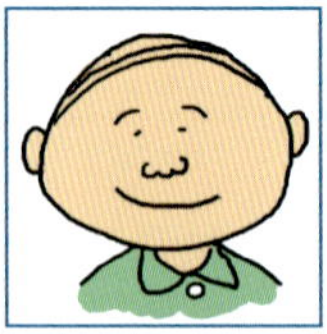

1943 年（昭和 18 年）自然豊かな札幌に生まれる。幼少期から昆虫、植物が好きで野山を駆け巡る。18 歳で登山を始め、沢登り、岩登り、冬山登山に傾倒する。
著書に「北海道ファミリー登山」（北海タイムス社）、「北海道夏山ガイド」「札幌・小樽ゆったりハイキング」（北海道新聞社）がある。
その他「北海道雪山ガイド」「北海道スノーハイキング」（北海道新聞社）を編集。
北海道の山メーリングリスト所属。

■協力　梅沢　俊（植物写真家）

あとがき

前著「札幌・小樽ゆったりハイキング」発刊から 25 年がたった。今回はマイカー利用で行動範囲を大きく広げた。地域が拡大したことで景色も植物も多彩になり、楽しいハイキングができると思う。
インターネットでも体験情報は得られるが、正確な地図はなかなか得られない。本書では使いやすい地図づくりに全力を挙げた。
子どもを連れた家族や登山を卒業した高齢者など、ハイキングをしたい方は多いと思うので、ぜひ本書をお役立ていただきたい。

本書の作成に当たっては山旅倶楽部の地図データと、カシミール３Ｄ（杉本智彦氏・作、http://www.kashmir3d.com/）を、航空写真は国土地理院保有の写真をそれぞれ使用しました。
本書に掲載した情報は 2019 年 3 月現在のものです。コース状況などは変わることがありますのでご了承ください。

札幌から日帰り ゆったりハイキング

2019 年 4 月 19 日　初版第 1 刷発行
2022 年 4 月 12 日　初版第 2 刷発行

著　者　　菅原 靖彦
発行者　　菅原　淳
発行所　　北海道新聞社
〒 060-8711 札幌市中央区大通西 3 丁目 6
出版センター　（編集）TEL 011-210-5742
（営業）TEL 011-210-5744
https://shopping.hokkaido-np.co.jp/book/

印刷・製本　株式会社 アイワード

落丁・乱丁本は出版センター（営業）にご連絡ください。
お取り換えいたします。

© SUGAWARA Yasuhiko 2019,Printed in Japan

ISBN978-4-89453-944-0

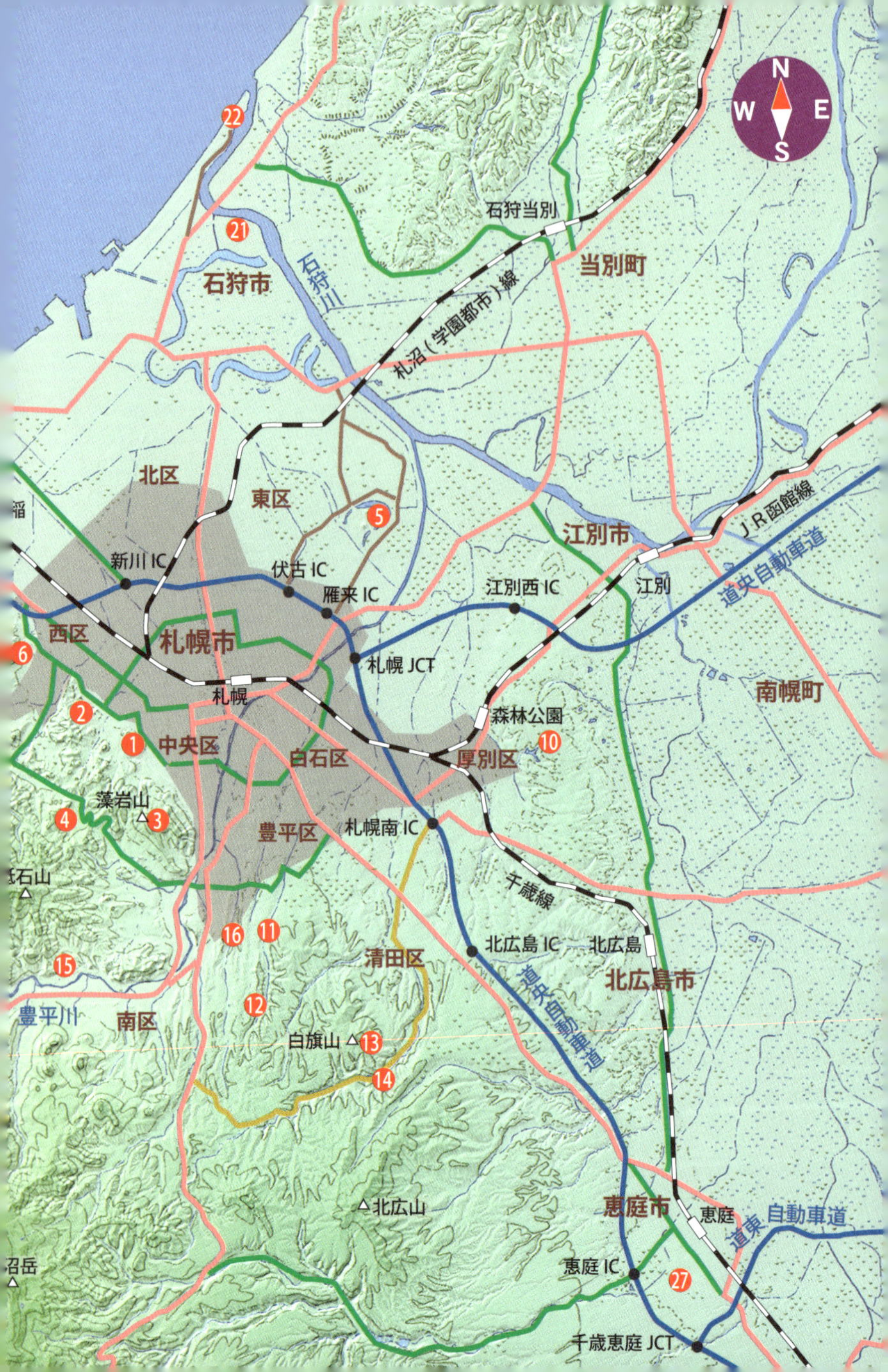
N
W
E
S
石狩当別
当別町
石狩市
石狩川
札沼（学園都市）線
北区
東区
江別市
JR函館線
道央自動車道
新川IC
伏古IC
雁来IC
江別西IC
江別
西区
札幌市
札幌JCT
南幌町
札幌
森林公園
中央区
白石区
厚別区
藻岩山
札幌南IC
豊平区
千歳線
北広島IC
北広島
北広島市
清田区
豊平川
南区
白旗山
北広山
恵庭市
恵庭
道東自動車道
恵庭IC
千歳恵庭JCT
1
2
3
4
5
6
10
11
12
13
14
15
16
21
22
27